PETIT QUESTIONNAIRE.

Lyon. — Impr. de J. B. Pélagaud.

PETIT QUESTIONNAIRE,

LEÇONS

SUR

L'EMPLOI DE L'INTERROGATION DANS TOUTES SES FORMES,

SUIVIES DE QUELQUES DIALOGUES FAMILIERS;

EXTRAITES DE LA

SECONDE PARTIE DU COURS COMPLET ET MÉTHODIQUE

D'ENSEIGNEMENT PRATIQUE DES SOURDS-MUETS;

Par Claudius FORESTIER,

DIRECTEUR DE L'INSTITUTION DES SOURDS-MUETS DE LYON.

A PARIS,

CHEZ L. HACHETTE ET Cie, LIBRAIRES, RUE PIERRE-SARRAZIN, 14.

A LYON,

CHEZ J. B. PÉLAGAUD ET Cie, IMPR.-LIBRAIRES,

DE N. S. P. LE PAPE.

Grande rue Mercière, 50.

1856.

Cet opuscule que nous appelons le *Petit Questionnaire* étant le complément indispensable et immédiat de la première partie de notre *Cours complet et méthodique d'enseignement pratique des Sourds-Muets*, nous ne saurions trop nous hâter de le livrer à la publicité.

Ce livre est divisé en cinq cahiers : fidèle au principe fondamental que nous avons adopté et proclamé dans notre *Cours d'instruction pratique*, nous avons essayé de graduer les matières selon les difficultés qu'elles présentent, et de les disposer d'une manière conforme à la marche naturelle de l'esprit du jeune Sourd-Muet. On n'ignore pas que nous nous sommes toujours appliqué à proportionner nos leçons aux forces intellectuelles des enfants confiés à nos soins, comme une bonne mère proportionne la nourriture aux forces corporelles du sien.

Nous croyons faire plaisir aux Instituteurs en leur faisant connaître ici en quel temps il convient de donner cet opuscule à étudier à leurs jeunes élèves. Nous nous empressons, pour notre part, de le mettre entre les mains des nôtres aussitôt que nous avons fini de parcourir avec eux la première partie de notre *Cours d'instruction pratique*, en ayant soin de leur enseigner en même temps l'emploi des pronoms relatifs *qui*, *que*, *dont*, *où*, *lequel*, etc., etc.

Les leçons sur ces deux parties différentes du discours alternent tous les jours.

Il est bon de remarquer que nous ne passons aux quatre derniers cahiers du *Petit Questionnaire* qu'après nous être assuré que nos élèves ont bien compris et bien retenu les leçons du premier cahier et celles sur l'emploi des pronoms relatifs. Ordinairement, nous attendons, pour cela, un ou deux mois selon leur intelligence et leurs progrès.

Dans cet intervalle, nous leur donnons, tantôt à lire un petit livre amusant et instructif, tantôt à étudier de nouvelles leçons sur la grammaire française. Les jeudis et dimanches, nous commençons avec eux le *Petit Manuel du jeune Sourd-Muet pieux*, opuscule qui contient les premières notions religieuses et toutes les formules de prières à leur portée, afin de les mener ainsi graduellement à la connaissance de l'histoire sainte et du catéchisme de la foi.

PREMIER CAHIER.

PETIT QUESTIONNAIRE.

N. 1.   *Être.*

1.

Victor est-il malade ?	Oui, il l'est.	Oui.
M. Luc est-il malade ?	Non, il ne l'est pas.	Non.
M. Perrin et M. Duplat sont-ils parlants ?	Oui, ils le sont.	Oui.
Roch et Paul sont-ils parlants ?	Non, ils ne le sont pas.	Non.
Marie est-elle sourde-muette ?	Oui, elle l'est.	Oui.
Mlles Rose et Pain sont-elles méchantes ?	Non, elles ne le sont pas.	Non.
M. et Mme Forestier sont-ils bien portants ?	Oui, ils le sont.	Oui.

2.

La chapelle est-elle jolie ?	Oui, elle l'est.	Oui.
Le bonnet de Sève est-il vert ?	Oui, il l'est.	Oui.
Les chemises de Jean sont-elles rayées ?	Non, elles ne le sont pas.	Non.

3.

Es-tu bien portant ?	Oui, je le suis.	Oui.
Suis-je parlant ?	Non, vous ne l'êtes pas.	Non.
Etes-vous sourds-muets ?	Oui, nous le sommes.	Oui.

4.

As-tu été vieux ?	Non, je ne l'ai pas été.	Non.
Es-tu vieux ?	Non, je ne le suis pas.	Non.
Seras-tu vieux ?	Oui, je le serai.	Oui.
Paul a-t-il été malade le mois dernier ?	Non, il ne l'a pas été.	Non.
Massieu était-il instruit ?	Oui, il l'était.	Oui.

5.

Ton mouchoir est-il sale ?	Oui , il l'est.	Oui.
Mes cheveux sont-ils roux ?	Non , ils ne le sont pas.	Non.
Vos képis sont-ils bleus ?	Oui , ils le sont.	Oui.
Ta cravate est-elle déchirée ?	Oui , elle l'est.	Oui.
	Non, elle ne l'est pas.	Non.
Vos cravates sont-elles déchirées? (1)	Oui , la mienne l'est.	Oui.
	Non, la mienne ne l'est pas.	Non.
Ton gilet est-il vieux?	Oui, il l'est.	Oui.
	Non, il ne l'est pas.	Non.
Vos gilets sont-ils vieux ?	Oui, le mien l'est.	Oui.
	Non, le mien ne l'est pas.	Non.

6.

M. Acary est-il sourd-muet ?	Oui , il l'est.	Oui·
Est-il vieux ?	Non , il ne l'est pas.	Non.
Est-il doux ?	Oui, il l'est.	Oui·
La montre de Mme Forestier est-elle jolie ?	Oui, elle l'est.	Oui.
Est-elle d'argent ?	Non, elle n'est pas d'argent.	Non.
Est-elle mince ?	Oui, elle l'est.	Oui.
Vos lits sont-ils propres?	Oui, ils le sont.	Oui.
Sont-ils de fer?	Non, ils ne sont pas de fer.	Non.

7.

Jean est-il au jardin ?	Oui , il y est.	Oui.
Mme Forestier est-elle de Lyon ?	Non , elle n'en est pas.	Non.
M. le Directeur est-il chez lui ?	Oui, il y est.	Oui.
	Non, il n'y est pas.	Non.

CONJUGAISON.

---

(1) Les élèves ne manqueront pas de répondre chacun de cette manière : Oui, *elles* le sont, ou bien non, *elles* ne le sont pas. Il faudra alors que l'instituteur leur demande si leurs cravates à tous sont déchirées.

N. 2.   *Avoir.*

1.

As-tu un képi ?	Oui, j'en ai un.	Oui.
As-tu une montre ?	Non, je n'en ai pas.	Non.
As-tu des cahiers ?	Oui, j'en ai.	Oui.
Avez-vous un couteau ?	Oui, nous en avons un.	Oui.
Avez-vous des pantoufles ?	Non, nous n'en avons pas.	Non.
M. Luc a-t-il une chambre ?	Oui, il en a une.	Oui.
A-t-il une pendule ?	Non, il n'en a pas.	Non.
M. Piaton et M. Bernard ont-ils une canne ?	Oui, ils en ont une.	Oui.
Ont-ils des lunettes ?	Non, ils n'en ont pas.	Non.
Denise a-t-elle un chapeau ?	Non, elle n'en a pas.	Non.
A-t-elle des brodequins ?	Non, elle n'en a pas.	Non.
A-t-elle des gants ?	Oui, elle en a.	Oui.
Avons-nous un jardin ?	Oui, nous en avons un.	Oui.
As-tu de l'argent ?	Oui, j'en ai.	Oui.
	Non, je n'en ai pas.	Non.
Avez-vous de l'argent ? (1)	Oui, j'en ai.	Oui.
	Non, je n'en ai pas.	Non.

2.

As-tu des souliers propres ?	Oui, j'en ai.	Oui.
	Non, je n'en ai pas.	Non.
M. Acary a-t-il un habit neuf ?	Oui, il en a un.	Oui.
A-t-il des chemises fines ?	Oui, il en a.	Oui.
M. Forestier et M. Perrin ont-ils une montre d'or ?	Oui, ils en ont une.	Oui.
Ont-ils de beaux livres ?	Oui, ils en ont.	Oui.

---

(1) Sans doute les élèves ne manqueront pas non plus de répondre ainsi : Oui, *nous* en avons, ou bien non, *nous* n'en avons pas. Il faudra alors leur demander de nouveau s'ils ont tous de l'argent.

1.

3.

As-tu le couteau de Louis ?	Non, je ne l'ai pas.	Non.
As-tu les ciseaux de M. Luc ?	Non, je ne les ai pas.	Non.
As-tu mon canif ?	Non, je ne l'ai pas.	Non.
	Oui, je l'ai.	Oui.

4.

As-tu faim ?	Oui, j'ai faim.	Oui.
	Non, je n'ai pas faim.	Non.
As-tu mal à la tête ?	Oui, j'ai mal à la tête.	Oui.
	Non, je n'ai pas mal à la tête.	Non.
As-tu besoin d'argent ?	Oui, j'en ai besoin.	Oui.
	Non, je n'en ai pas besoin.	Non.

5.

Y a-t-il un livre dans le pupitre ?	Oui, il y en a un.	Oui.
Y a-t-il des cerisiers au jardin ?	Non, il n'y en a pas.	Non.

6.

Louis a-t-il eu, hier, un billet de satisfaction ?	Oui, il en a eu un.	Oui.
Avez-vous eu des prix l'année dernière ?	Oui, j'en ai eu.	Oui.
	Oui, j'en ai eu un.	Oui.
	Non, je n'en ai pas eu.	Non.
Y aura-t-il congé demain ?	Oui, il y aura congé.	Oui.
	Non, il n'y aura pas congé.	Non.
Massieu avait-il des enfants ?	Oui, il en avait.	Oui.

CONJUGAISON.

N. 3. Verbes actifs, passifs, neutres, pro-nominaux et impersonnels.

Exercice préparatoire.

J'ai demandé un canif à M. Luc.   Ali a été mis à genoux hier.
Cette fleur blanche s'appelle *lis*.   Le vin de Mâcon est estimé.

Ce matin, nous n'avons pas demandé de papier à M. Acary.

Hier, M. Luc n'a pas tiré les cheveux à Louis.

Ce matin, Victor ne s'est pas lavé la figure.

Roch m'a jeté une pierre ; le surveillant l'a puni.

Ce petit élève est sorti avec moi ; je lui ai acheté une casquette.

Ces petites élèves sont allées hier chez Mme Lambert ; elle leur a donné des bonbons.

QUESTIONS.

1.

Aimes-tu M. le Directeur ?	Oui, je l'aime.	Oui.
Louis aime-t-il la salade ?	Non, il ne l'aime pas.	Non.
Mangerez-vous de la viande aujour-d'hui ?	Oui, nous en mangerons.	Oui.
Mangerez-vous de la viande ven-dredi prochain ?	Non, nous n'en mangerons pas.	Non.
Avez-vous vu la mère d'Ali ?	Oui, je l'ai vue.	Oui.
	Non, je ne l'ai pas vue.	Non.
As-tu demandé un canif à M. Luc ?	Oui, je lui en ai demandé un.	Oui.
Avez-vous demandé ce matin du papier à M. Acary ?	Non, nous ne lui en avons pas demandé.	Non.
M. Luc a-t-il tiré hier les cheveux à Louis ?	Non, il ne les lui a pas tirés.	Non.

2.

Ali a-t-il été mis à genoux hier ?	Oui, il l'a été.	Oui.
Le vin de Mâcon est-il estimé ?	Oui, il l'est.	Oui.

Etes-vous allés dimanche dernier
  à la promenade ?

Oui , nous y sommes allés.   Oui.
Non , nous n'y sommes pas
  allés.   Non.

Ecrirez-vous à vos parents au premier jour de l'an ?

Oui , nous leur écrirons.   Oui.

3.

Te portes-tu bien ?

Oui , je me porte bien.   Oui.

Cette fleur blanche s'appelle-t-elle
  lis ?

Oui , elle s'appelle *lis*.   Oui.

Victor s'est-il lavé ce matin la figure ?

Non , il ne se l'est pas lavée. Non.

4.

Roch t'a-t-il jeté une pierre ?   Oui , il m'en a jeté une.   Oui.
Le surveillant l'a-t-il puni ?   Oui , il l'a puni.   Oui.
Le jour de l'an, vos parents vous
  ont-ils envoyé des étrennes ?

Oui , ils m'en ont envoyé.   Oui.
Non, ils ne m'en ont pas envoyé. Non.

Ce petit élève est-il sorti avec toi ? Oui, il est sorti avec moi.   Oui.
Lui as-tu acheté une casquette ?   Oui, je lui en ai acheté une. Oui.
Ces petites élèves sont-elles allées
  hier chez Mme Lambert ?

Oui , elles y sont allées.   Oui.
Leur a-t-elle donné des bonbons ?   Oui , elle leur en a donné.   Oui.

5:

Fait-il froid ?

Oui , il fait froid.   Oui.
Non , il ne fait pas froid.   Non.

A-t-il plu hier ?

Oui , il a plu.   Oui.
Non , il n'a pas plu.   Non.

A-t-il fait ce matin du brouillard ?   Non , il n'en a pas fait.   Non.
Oui , il en a fait.   Oui.

CONJU GAISON.

N. 4. Verbes après lesquels l'infinitif se met avec ou sans la préposition.

Exercice préparatoire.

Cet enfant veut sortir.

Je n'ai pas vu cet élève entrer au jardin.

M. Duplat ne nous a pas fait voir ses belles estampes.

Louis apprend à dessiner.

Cet élève ne pense pas à quitter la maison cette année.

Je n'ai pas excité ce petit élève à déchirer ce livre.

J'ai remercié mon père de m'avoir envoyé des confitures.

J'ai prié M. le Directeur de m'acheter un dictionnaire.

M. le Directeur a permis à cet élève de sortir jeudi dernier avec son petit frère.

Mon père ne m'a pas promis de venir me chercher dimanche prochain.

QUESTIONS.

1.

Désirez-vous aller voir vos parents aux vacances prochaines ?

Oui, je le désire.   Oui.

Cet enfant veut-il sortir ?

Oui, il le veut.   Oui.

Crois-tu recevoir bientôt une lettre de ton père ?

Non, je ne le crois pas.   Non.

Oui, je le crois.   Oui

Espérez-vous aller en vacances cette année ?

Oui, je l'espère.   Oui.

Non, je ne l'espère pas.   Non.

Pouvez-vous sortir seuls ?

Non, nous ne le pouvons pas.   Non.

Savez-vous nager ?

Non, je ne le sais pas.   Non.

Oui, je le sais.   Oui.

Faut-il prier Dieu matin et soir ?
Oui, il le faut.   Oui.
Devons-nous mourir ?
Oui, nous le devons.   Oui.
M. Duplat vous a-t-il fait voir ses belles estampes ?
Non, il ne nous les a pas fait voir.   Non.
Avez-vous vu cet élève entrer au jardin ?
Non, je ne l'ai pas vu.   Non.

2.

Louis apprend-il à dessiner ?
Oui, il l'apprend.   Oui.
Cet élève pense-t-il à quitter la maison cette année ?
Non, il n'y pense pas.   Non.
Avez-vous excité ce petit élève à déchirer ce livre ?
Non, je ne l'y ai pas excité.   Non.
As-tu remercié ton père de t'avoir envoyé des confitures ?
Oui, je l'en ai remercié.   Oui.
As-tu prié M. le Directeur de t'acheter un dictionnaire ?
Oui, je l'en ai prié.   Oui.
*M. le Directeur a-t-il permis à cet élève de sortir jeudi dernier
    avec son petit frère ?*
Oui, il le lui a permis.   Oui.
Ton père t'a-t-il promis de venir te chercher dimanche prochain ?
Non, il ne me l'a pas promis.   Non.

N. 5. *Où.*

Exercice préparatoire.

Boyer est au jardin.
Mon képi est au vestiaire.
M. le Directeur est chez lui.
M. Berthier est à Paris.
Les parents de Paul sont à Lyon.
Ceux de Félix sont à Roanne.
Félix et Louis sont dans l'atelier des relieurs.
Jules va à l'infirmerie.
Ce matin, Jean est allé au marché.
Demain, nous irons à la promenade.
Demain, Joseph ira à St-Etienne.
M. le Directeur va chez M. le Préfet.
Hier, M. Luc est allé aux Brotteaux.
M. Bernard fume dans l'atelier des relieurs.
Louis a perdu son canif dans la cour.
Le matin, M. Piaton se promène au jardin.
Hier, M. Luc s'est promené sur la place Bellecour.
Cette dame demeure à sa campagne.
Le frère de cet élève demeure à Lyon.
Je viens du lavoir.
M. Acary vient de chez M. le Directeur.
M. Foy est venu de Paris.
Claude est revenu des Brotteaux.
Le chat est entré à l'office par le trou de la porte.
{ Je suis de Lyon.
{ Je suis né à Lyon.
{ M. Luc est de Lille.
{ M. Luc est né à Lille.
Londres est en Angleterre.
Calcutta est aux Indes.
Valence est dans le département de la Drôme.

QUESTIONS.

1.

Où est Boyer ?
Il est au jardin.   Au jardin.
Où sont Félix et Louis ?
Ils sont dans l'atelier des relieurs.   Dans l'atelier des relieurs.
Où est ton képi ?
Il est au vestiaire.   Au vestiaire.
Où es-tu ?
Je suis dans la classe.   Dans la classe.
Où sommes-nous ?
Nous sommes dans la classe.   Dans la classe.
Où est M. Berthier ?
Il est à Paris.   A Paris.
Où sont les parents de Paul ?
Ils sont à Lyon.   A Lyon.
Où sont ceux de Félix ?
Ils sont à Roanne.   A Roanne.
Où va Jules ?
Il va à l'infirmerie.   A l'infirmerie.
Où Jean est-il allé ce matin ?
Il est allé au marché.   Au marché.
Où ira Joseph demain ?
Il ira à St-Etienne.   A St-Etienne.
Où irez-vous demain jeudi ?
Nous irons à la promenade.   A la promenade.
Où êtes-vous nés ?
Je suis né à Tarare.   A Tarare.
Où l'abbé de l'Epée est-il né ?
Il est né à Versailles.   A Versailles.

M. le Directeur sort-il ?   Oui.
Où va-t-il ?   Chez M. le Préfet
M. Luc est-il sorti hier ?   Oui.
Où est-il allé ?   Aux Brotteaux.

Où fume M. Bernard ?
Il fume dans l'atelier des relieurs.   Dans l'atelier des relieurs.
Où Louis a-t-il perdu son canif ?
Il l'a perdu dans la cour.   Dans la cour.
Où se promène M. Piator le matin ?
Il se promène le matin au jardin.   Au jardin.
Où M. Luc s'est-il promené hier ?
Il s'est promené sur la place Bellecour.   Sur la place Bellecour.
Où demeure le frère de cet élève ?
Il demeure à Lyon.   A Lyon.
Où demeure cette dame ?
Elle demeure à sa campagne.   A sa campagne.
Où est Londres ?
Il est en Angleterre.   En Angleterre.
Où est Calcutta ?
Il est aux Indes.   Aux Indes.
Où est la ville de Valence ?
Elle est dans le dépar^t. de la Drôme.   Dans le dép^t. de la Drôme.

2.

D'où viens-tu ?
Je viens du lavoir.   Du lavoir.
D'où vient M. Acary ?
Il vient de chez M. le Directeur.   De chez M. le Directeur.
D'où M. Foy est-il venu ?
Il est venu de Paris.   De Paris.
D'où Claude est-il revenu ?
Il est revenu des Brotteaux.   Des Brotteaux.
Par où le chat est-il entré à l'office ?
Il y est entré par le trou de la porte.   Par le trou de la porte.

D'où es-tu ?	Je suis de Lyon	De Lyon.
Où es-tu né ?	Je suis né à Lyon.	A Lyon.
D'où êtes-vous ?	Je suis de Lyon.	De Lyon.
Où êtes-vous nés ?	Je suis né à Lyon.	A Lyon.
D'où est M. Luc ?	Il est de Lille.	De Lille.
Où M. Luc est-il né ?	Il est né à Lille.	A Lille.

N. 6. *Quand.*

Exercice préparatoire.

Ce matin, j'ai perdu mon couteau.

Ces élèves feront leur première communion dans deux ans.

Lundi dernier, M. le Directeur a écrit au père de Victor.

Jeudi prochain, nous irons voir l'exposition des tableaux au Musée.

Mon oncle arrivera à Rome dans huit jours.

Ma mère arrivera cette semaine.

Fanny a été malade aux vacances dernières.

Louis et Léon ont quitté l'établissement l'année dernière.

L'abbé de l'Epée est né le **24** novembre **1712**, et mort le **23** décembre **1789**.

Notre distribution de prix aura lieu le mardi **24** août.

Mon père est malade depuis huit jours.

Ce monsieur vient depuis un mois.

Je n'ai pas reçu de nouvelles de mon père depuis trois semaines.

Le médecin n'est pas venu depuis lundi dernier.

Arthur n'est plus à l'Institution depuis les vacances dernières.

Le père de Félix lui a fait cadeau d'une jolie montre le jour de sa première communion.

QUESTIONS.

Quand ces élèves feront-ils leur première communion ?
Ils la feront dans deux ans.   dans deux ans.

Quand as-tu perdu ton couteau ?
Je l'ai perdu ce matin.   Ce matin.

Quand M. le Directeur a-t-il écrit au père de Victor ?
Il lui a écrit lundi dernier.   Lundi dernier.

Quand irons-nous voir l'exposition des tableaux au Musée ?
Nous irons la voir jeudi prochain.   jeudi prochain.

Quand arrivera ta mère ?
Elle arrivera cette semaine.   cette semaine.

Quand ton oncle arrivera-t-il à Rome ?
Il y arrivera dans huit jours.   dans huit jours.

— 13 —

Quand Fanny a-t-elle été malade ?
Elle l'a été aux vacances dernières.   Aux vacances dernières.
Quand Louis et Léon ont-ils quitté l'établissement ?
Ils l'ont quitté l'année dernière.   L'année dernière.
Quand l'abbé de l'Epée est-il né ?
Il est né le 24 novembre 1712.   Le 24 novembre 1712.
Quand est-il mort ?
Il est mort le 23 décembre 1789.   Le 23 décembre 1789.
Quand l'abbé de l'Epée est-il né, et est-il mort ?
Il est né le 24 novembre 1712, et mort le 23 décembre 1789.
Quand aura lieu votre distribution de prix ?
Elle aura lieu le mardi 24 août.   Le mardi 24 août.
Quand le père de Félix lui a-t-il fait cadeau d'une jolie montre ?
Il lui en a fait cadeau le jour de sa   Le jour de sa première
première communion.   communion.
Quand vendange-t-on ?
On vendange en septembre et en octobre.   En septembre et en octobre.
On vendange en automne.   En automne.

Depuis quand es-tu à l'Institution ?
J'y suis depuis deux ans et demi.   Depuis deux ans et demi.
Depuis quand ton père est-il malade ?
Il l'est depuis huit jours.   Depuis huit jours.
Depuis quand vient ce monsieur ?
Il vient depuis un mois.   Depuis un mois.
Depuis quand n'as-tu pas reçu de nouvelles de ton père ?
Je n'en ai pas reçu depuis trois semaines.   Depuis trois semaines.
Depuis quand le médecin n'est-il pas venu ?
Il n'est pas venu depuis lundi dernier.   Depuis lundi dernier.
Depuis quand Arthur n'est-il plus à l'Institution ?
Il n'y est plus depuis les vacances dernières. Depuis les vacances dern^res.

N. 7. *Pourquoi.*

Exercice préparatoire.

1.

Je vais chercher mon mouchoir au dortoir.

{ Nous allons jouer dans la cour.
{ Nous allons nous récréer dans la cour.

Claude va balayer le cabinet de M. le Directeur.

Denise va acheter du beurre et des œufs au marché.

J'ai demandé de l'argent à mon père pour acheter un canif.

M. Acary est sorti pour voir sa mère.

Louis a écrit hier à son père pour le prier de lui envoyer de l'argent.

2.

Cet enfant est très-triste, parce que son père est mort.

Cet élève pleure, parce que Jules lui a donné un coup de pied.

M. Benjamin a puni Paulin et Frédéric, parce qu'ils n'ont pas étudié ce matin.

Cet élève ne sortira pas demain dimanche, parce qu'il ne s'est pas bien conduit cette semaine.

Dimanche dernier, nous ne sommes pas allés à la promenade, parce qu'il neigeait.

QUESTIONS.

1.

Pourquoi vas-tu au dortoir ?
J'y vais pour chercher mon mouchoir.   Pour chercher mon mouchoir.
Pourquoi allez-vous dans la cour ?
{ Nous y allons pour jouer.   { Pour jouer.
{ Nous y allons pour nous récréer.   { Pour nous récréer.
Pourquoi Claude va-t-il au cabinet de M. le Directeur ?
Il y va pour le balayer.   Pour le balayer.

Pourquoi Denise va-t-elle au marché ?

Elle y va pour acheter du beurre et des œufs.

Pour acheter du beurre et des œufs.

Pourquoi as-tu demandé de l'argent à ton père ?

Je lui en ai demandé pour acheter un canif.

Pour acheter un canif.

Pourquoi M. Acary est-il sorti ?

Il est sorti pour voir sa mère.

Pour voir sa mère.

Pourquoi Louis a-t-il écrit hier à son père ?

Il lui a écrit pour le prier de lui envoyer de l'argent.

Pour le prier de lui envoyer de l'argent.

2.

Pourquoi cet enfant est-il très-triste ?

Il l'est, parce que son père est mort.

Parce que son père est mort.

Pourquoi cet élève pleure-t-il ?

Il pleure, parce que Jules lui a donné un coup de pied.

Parce que Jules lui a donné un coup de pied.

Pourquoi M. Benjamin a-t-il puni Paulin et Frédéric ?

Il les a punis, parce qu'ils n'ont pas étudié ce matin.

Parce qu'ils n'ont pas étudié ce matin.

Pourquoi cet élève ne sortira-t-il pas demain dimanche ?

Il ne sortira pas demain dimanche, parce qu'il ne s'est pas bien conduit cette semaine.

Parce qu'il ne s'est pas bien conduit cette semaine.

Pourquoi n'êtes-vous pas allés à la promenade dimanche dernier ?

Nous n'y sommes pas allés, parce qu'il neigeait.

Parce qu'il neigeait.

N. 8.   *Combien.*

Exercice préparatoire,

Paul a trois livres.
Luce n'a pas de livre.
Ali a trois frères.

Hier, M. Luc a acheté six livres.
Il y a trois cerisiers au jardin.
Il y a 85 élèves à l'Institution.

Marie a donné cinq pommes à Luce.
Le père de Victor a donné dix sous à son fils.
Nous avons vu deux fois Mgr l'Archevêque.
M. Luc a passé dix jours chez le père d'Ali.
M. Forestier a passé vingt années à Paris.
Ce médecin a demeuré six ans en Afrique.
M. Perrin est notre médecin depuis trente ans.
Je n'ai pas vu mes parents depuis deux mois.
Hier, il a plu pendant cinq heures.
Ce jeune homme a appris la peinture pendant trois ans.
Le tailleur fait une tunique en trois jours.
On va de Lyon à Paris en dix heures.
Ces grosses poires m'ont coûté trente centimes chacune.
La reliure de ce beau livre m'a coûté neuf francs.

QUESTIONS.

Combien Paul a-t-il de livres ?   Il en a trois.   Trois.
Combien avez-vous de cahiers ?   J'en ai sept.   Sept.
Combien Luce a-t-elle de livres ?   Elle n'en a pas.   Aucun.
Combien avez-vous d'argent ?   J'ai trois francs.   Trois francs.
     Je n'en ai pas.
     J'ai dix sous.   dix sous.

Combien Ali a-t-il de frères ?   Il en a trois.   Trois.
Combien avez-vous de frères ?   J'en ai un.   Un.
     Je n'en ai pas.   Aucun.

Combien avez-vous de sœurs ?   J'en ai une.   Une.
     J'en ai cinq.   Cinq.
     Je n'en ai pas.   Aucune.

Combien **M. Luc** *acheta-t-il hier de livres ?*
Il en acheta six.   Six.
Combien Marie a-t-elle donné de pommes à Luce ?
Elle lui en a donné cinq.   Cinq.
Combien le père de Victor a-t-il donné d'argent à son fils ?
Il lui a donné dix sous.   Dix sous.
Combien y a-t-il de cerisiers au jardin ?
Il y en a trois.   Trois.
Combien y a-t-il d'élèves à l'Institution ?
Il y en a quatre-vingt-cinq.   Quatre-vingt-cinq.

Combien de fois avez-vous vu Mgr l'Archevêque ?
Nous l'avons vu deux fois.   Deux fois. — Deux.
Combien de jours M. Luc a-t-il passés chez le père d'Ali ?
Il y a passé dix jours.   Dix jours. — Dix.
Combien d'années M. Forestier a-t-il passées à Paris ?
Il y a passé vingt années.   Vingt années. — Vingt.
Combien d'années ce médecin a-t-il demeuré en Afrique ?
Il y a demeuré six années.   Six années. — Six.

Depuis combien d'années M. Perrin est-il votre médecin ?
Il l'est depuis trente ans.   Depuis trente ans.
Depuis combien de mois n'as-tu pas vu tes parents ?
Je ne les ai pas vus depuis deux mois.   Depuis deux mois.
Pendant combien d'heures a-t-il plu hier ?
Il a plu pendant cinq heures.   Pendant cinq heures.
Pendant combien d'années ce jeune homme a-t-il appris la peinture ?
Il l'a apprise pendant trois ans.   Pendant trois ans.
En combien de jours le tailleur fait-il une tunique ?
Il la fait en trois jours.   En trois jours.
En combien d'heures va-t-on de Lyon à Paris ?
On va de Lyon à Paris en 10 heures.   En 10 heures.

Combien ces grosses poires vous ont-elles coûté chacune ?
Elles m'ont coûté six sous chacune.   Six sous chacune.
Combien la reliure de ce beau livre vous a-t-elle coûté ?
Elle m'a coûté neuf francs.   Neuf francs.

N. 9.

Comment.

Exercice préparatoire.

M. Pommey est jeune, grand et maigre; il a le nez long et pointu.
Denise est grande et un peu vieille; elle n'est pas jolie.
Louis est un enfant gentil et intelligent, mais il est un peu laid.
La redingote neuve de M. Marc est noire et bien faite.
La montre de Mme Forestier est d'or; elle est très-petite et très-jolie.

Je m'appelle Cicéron.
Cette fleur s'appelle une rose.
On appelle cet objet un effaçoir.
Cette dame est venue en voiture.

Henri se porte bien.
Jules dessine bien.
Jules dessine mal.
Cette dame chante avec grâce.

Ce jeune sourd-muet est venu de Bordeaux à pied.
M. Léon est allé à Châlon-sur-Saône par le bateau à vapeur.
Mon père m'a envoyé ce paquet par la diligence, par le chemin de fer.
J'enverrai cette lettre à ma mère par un ami.
François est tombé en glissant sur le pavé.
Félix s'est cassé le bras en tombant d'un arbre.

QUESTIONS.

Comment est M. Pommey?
Il est jeune, grand et maigre; il a le nez long et pointu.

Jeune, grand, maigre, avec le nez long et pointu.

Comment est Denise?
Elle est grande et un peu vieille; elle n'est pas jolie.

Grande, un peu vieille, et pas jolie.

Comment est Louis?
C'est un enfant gentil et intelligent, mais il est un peu laid.

Gentil, intelligent, mais un peu laid.

Comment est la redingote neuve de M. Marc?
Elle est noire et bien faite.

Noire et bien faite.

Comment est la montre de Mme Forestier?
Elle est d'or, elle est très-petite et très-jolie.

D'or. Très-petite et très-jolie.

Comment vous appelez-vous ?
Je m'appelle Cicéron.   Cicéron.
   Comment s'appelle M. le Directeur ?
Il s'appelle M. Forestier.   M. Forestier.
   Comment s'appelle cette fleur ?
Elle s'appelle une rose.   Une rose.
   Comment appelle-t-on cet objet ?
On l'appelle un effaçoir.   Un effaçoir.
   Comment se porte Henri ?
Il se porte bien.   Bien.
   Comment vous portez-vous ?
Je me porte bien, assez bien.   Bien, assez bien.
Je suis un peu malade.
J'ai mal à la tête.
   Comment dessine Jules ?
Il dessine bien, assez bien, mal.   Bien, assez bien, mal.
   Comment chante cette dame ?
⎰Elle chante avec grâce.   ⎰Avec grâce.
⎱Elle chante gracieusement.   ⎱Gracieusement.
   Comment ce jeune sourd-muet est-il venu de Bordeaux ?
Il en est venu à pied.   A pied.
   Comment M. Léon est-il allé à Chálon-sur-Saône ?
Il y est allé par le bateau à vapeur.   Par le bateau à vapeur.
   Comment cette dame est-elle venue ?
Elle est venue en voiture.   En voiture.
   Comment ton père t'a-t-il envoyé ce paquet ?
Il me l'a envoyé par la diligence.   Par la diligence.
Il me l'a envoyé par le chemin de fer.   Par le chemin de fer.
   Comment enverras-tu cette lettre à ta mère ?
Je la lui enverrai par un ami.   Par un ami.
   Comment le chat est-il entré à l'office ?
Il y est entré par le trou de la porte. Par le trou de la porte.
   Comment François est-il tombé ?
Il est tombé en glissant sur le pavé.   En glissant sur le pavé.
   Comment Félix s'est-il cassé le bras ?
Il se l'est cassé en tombant d'un arbre. En tombant d'un arbre.

N. 10. *Quel.*

Exercice préparatoire.

Victor a neuf ans.
Ce vieux sourd-muet a vu l'abbé de l'Epée à seize ans.
Hier, M. le Directeur a dîné à trois heures.
Cette dame partira pour Paris demain à cinq heures du matin.
Hier, il a plu jusqu'à quatre heures du soir.
Nous étudions le soir depuis quatre heures et demie jusqu'à sept heures.
Le nom de cet objet est porte-monnaie.
Le nom de cette ville est Châlon-sur-Saône.
Ce petit enfant est neveu de M. le Directeur.
Cette femme est une amie de la cuisinière.
Cet homme est le jardinier.
Cette dame est Mme la Directrice.
Ce sont les enfants de M. Perrin.
Ces demoiselles sont mes cousines.
C'est le portrait de M. Bret.
C'est la statue de Napoléon Ier.
La capitale de la France est Paris.
⟨ Le chef-lieu du département du Rhône est Lyon.
⟩ Le chef-lieu du Rhône est Lyon.
⟨ Mon père demeure dans la rue St-Jean.
⟩ Mon père demeure rue St-Jean.
Ce jeune sourd-muet a quitté l'Institution en 1848.

Le lis est blanc.	Le poêle est rond.
La couleur du lis est blanche.	La forme du poêle est ronde.
Le lis est de couleur blanche.	Le poêle est de forme ronde.
Le lis est d'une couleur blanche.	Le poêle est d'une forme ronde.

QUESTIONS.

Quel temps fait-il ?	Il pleut.
Quel temps faisait-il hier ?	Il faisait beau.

Quel âge avez-vous?	J'ai 14 ans	14 ans.
Quel âge a Victor?	Il a 9 ans.	9 ans.

A quel âge es-tu entré à la maison?
J'y suis entré à 11 ans.   A 11 ans.
A quel âge ce vieux sourd-muet a-t-il vu l'abbé de l'Epée?
Il l'a vu à 16 ans.   A 16 ans.
Quelle heure est-il?
Il est 10 heures un quart.   10 heures un quart.
A quelle heure vous levez-vous?
Nous nous levons à 5 heures.   A 5 heures.
A quelle heure M. le Directeur a-t-il dîné hier?
Il a dîné à 3 heures.   A 3 heures.
A quelle heure cette dame partira-t-elle demain pour Paris?
Elle partira pour Paris à 5 heures   A 5 heures du matin.
   du matin.
Jusqu'à quelle heure a-t-il plu hier?
Il a plu jusqu'à 4 heures du soir.   Jusqu'à 4 heures du soir.
Depuis quelle heure et jusqu'à quelle heure étudiez-vous le soir?
Nous étudions le soir depuis 4 heures   Depuis 4 heures et demie jus-
   et demie jusqu'à 7 heures.   qu'à 7 heures.

Quel est ton nom?	Giraud.
Quel est ton prénom?	Aimé.
Quel est le nom de M. le Directeur?	M. Forestier.
Quel est son prénom?	Claudius.
Quels sont tes nom et prénom?	Giraud Aimé.
Quel est le nom de cet objet?	Porte-monnaie.
Quel est le nom de cette ville?	Châlon-sur-Saône.
Quel est ton pays?	Lyon.
Quel est le pays de M. le Directeur?	Aix-les-Bains (Savoie).

Quel est l'état de votre père?
Il est cultivateur.   Cultivateur.
Quel est le métier de votre père?
Il est cultivateur.   Cultivateur.
Quelle est la profession de votre père?
Il est cultivateur.   Cultivateur.

Quel est cet homme ?
)C'est le jardinier.   )Le jardinier.
)C'est notre jardinier.   )Notre jardinier.
Quelle est cette femme ?
C'est une amie de la cuisinière.   Une amie de la cuisinière.
Quelle est cette dame ?
)C'est Mme la Directrice.   )Mme la Directrice.
)C'est Mme Forestier.   )Mme Forestier.
Quel est ce petit enfant ?
C'est le neveu de M. le Directeur.   Le neveu de M. le Directeur.
Quels sont ces enfants ?
Ce sont ceux de M. Perrin.   Ceux de M. Perrin.
Quelles sont ces demoiselles ?
Ce sont mes cousines.   Mes cousines.
Quel est ce portrait ?
C'est celui de M. Bret.   Celui de M. Bret.
Quelle est cette statue ?
C'est celle de Napoléon Ier.   Celle de Napoléon Ier.
Quel est ce livre ?
C'est Simon de Nantua.   Simon de Nantua.
Quelle est cette jolie maison ?
C'est celle des élèves filles.   Celle des élèves filles.
Quels sont les élèves de la 4e classe ?
C'est Fuz, Ali, Bert et moi.   Fuz, Ali, Bert et moi.

Quel est le premier mois de l'année ?
C'est janvier.   Janvier.
Quel est le cinquième jour de la semaine ?
C'est jeudi.   Jeudi.
Quel est le premier enfant de M. Perrin ?
C'est Arthur.   Arthur.
Quel est le premier élève de la 2e classe ?
C'est Jules.   Jules.
Quel est le dernier élève de la 3e classe ?
C'est Roch.   Roch.

Quel est le plus gros des poissons ?
C'est la baleine.   La baleine.

Quelle est la plus belle des fleurs ?
C'est la rose.   La rose.
Quels sont les meilleurs des fruits ?
C'est la pêche et le raisin.   La pêche et le raisin.
Quel est le moins grand des élèves ?
C'est Dietrich.   Dietrich.

Quelle est la capitale de la France ?
C'est Paris.   Paris.
{ Quel est le chef-lieu du département du Rhône ?
{ Quel est le chef-lieu du Rhône ?
C'est Lyon.   Lyon.

Quelle est la forme du poêle ?
{ Elle est ronde.   Ronde.
{ Il est rond.
Quelle est la forme de vos pupitres ?
{ Elle est longue et étroite.   Longue et étroite.
{ Ils sont longs et étroits.
Quelle est la couleur du lis ?
{ Elle est blanche.   Blanche.
{ Il est blanc.
Quelle est la couleur de vos tuniques ?
{ Elle est bleue.   Bleue.
{ Elles sont bleues.

De quel pays êtes-vous ?
Je suis de Lyon.   De Lyon.
*De quel pays est **M.** le Directeur ?*
Il est d'Aix-les-Bains (Savoie).   D'Aix-les-Bains (Savoie).

De quelle forme est ce tableau ?
Il est carré.   Carré.
De quelle forme sont vos pupitres ?
Ils sont longs et étroits.   Longs et étroits.
De quelle couleur est le lis ?
Il est blanc.   Blanc.

De quelle couleur sont vos tuniques ?
Elles sont bleues.   Bleues.

  { *En quelle classe est Henri ?*
  { *Dans quelle classe est Henri ?*
Il est dans la 3ᵉ classe.   Dans la 3ᵉ.

    Dans quelle rue demeure votre père ?
{ Il demeure dans la rue St-Jean.   { Dans la rue St-Jean.
{ Il demeure rue St-Jean.   { Rue St-Jean.

    Quel jour est-ce aujourd'hui ?
C'est aujourd'hui samedi.   Samedi.
    Quel jour sera-ce demain ?
Ce sera demain dimanche.   Dimanche.
    Quel jour était-ce hier ?
C'était hier vendredi.   Vendredi.
  { *En quel mois sommes-nous ?*
  { *Dans quel mois sommes-nous ?*
Nous sommes en juillet.   En juillet.
  { *Dans quelle saison sommes-nous ?*
  { *En quelle saison sommes-nous ?*
Nous sommes en été.   En été.
  { *Dans quelle année sommes-nous ?*
  { *En quelle année sommes-nous ?*
Nous sommes en 1856.   En 1856.
    En quelle année ce jeune sourd-muet a-t-il quitté l'Institution ?
Il l'a quittée en 1848.   En 1848.

  { *Quel quantième du mois avons-nous ?*
  { *Quel est le quantième du mois ?*
C'est le 19.   Le 19.

N. 11. *Qui et Que.*

Qui employé comme sujet (1).

Exercice préparatoire.

Jean allume le poêle.
Marie peigne les petits élèves.
Le vent a renversé ce vieil arbre.
Tu as cassé l'ardoise de Paul.

Hier, M. Acary a puni Bruno.
Jules pleure.
J'ai cassé le verre de Louis.
Nous faisons nos lits.

M. Piaton et M. Acary nous éveillent.
Ce soir, Boyer arrosera les salades.
Hier les domestiques ont porté un poêle au grenier.
La chienne a déchiré le chapeau de paille de Victor.

QUESTIONS.

1	2	3
Qui allume le poêle ?	C'est Jean.	Jean.
Qui peigne les petits élèves ?	C'est Marie.	Marie.
Qui vous éveille ?	C'est Mrs Piaton et Acary.	Mrs Piaton et Acary.
Qui pleure ?	C'est Jules.	Jules.
Qui a puni Bruno hier ?	C'est M. Acary.	M. Acary.
Qui a porté hier un poêle au grenier ?	Ce sont les domestiques.	Les domestiques.
Qui a déchiré le chapeau de paille de Victor ?	C'est la chienne.	La chienne.
Qui a renversé ce vieil arbre ?	C'est le vent.	Le vent.
Qui arrosera les salades ce soir ?	Ce sera Boyer.	Boyer.
Qui a cassé l'ardoise de Paul ?	C'est moi.	Moi.
Qui a cassé le verre de Louis ?	C'est toi.	Toi.
Qui fait vos lits ?	C'est nous.	Nous.

(1) Il s'agit également de personnes et de choses, quand le pronom *qui* est employé comme sujet.

Que (1).

Exercice préparatoire.

A déjeuner, les maîtres mangent du pain avec du fromage.
Hier, à souper, nous avons mangé du mouton et des cerises.
Ce matin, ces petits élèves ont demandé des crayons à M. Luc.
Hier, Paul et Victor ont perdu leurs mouchoirs à la promenade.
Ce soir, à souper, nous mangerons des haricots et des poires cuites.
Demain, M. Luc achètera un rasoir.
J'ai un bonbon dans la bouche.

QUESTIONS.

3   2   1

Que mangez-vous à déjeuner ?
Nous mangeons de la soupe au pain.   De la soupe au pain.

Que mangent les maîtres à déjeuner ?
Ils mangent du pain avec du fromage.   Du pain avec du fromage.

Que prend M. le Directeur à déjeuner ?
Il prend du café au lait.   Du café au lait.

Qu'avez-vous mangé hier à souper ?
Nous avons mangé du mouton et des   Du mouton et des cerises.
cerises.

Qu'ont demandé ces petits élèves ce matin à M. Luc ?
Ils lui ont demandé des crayons.   Des crayons.

Qu'ont perdu Paul et Victor hier à la promenade ?
Ils y ont perdu leurs mouchoirs.   Leurs mouchoirs.

Que mangerez-vous ce soir à souper ?
Nous mangerons des haricots et des   Des haricots et des poires cuites.
poires cuites.

Qu'achètera M. Luc demain ?
Il achètera un rasoir.   Un rasoir.

Qu'ai-je dans la bouche ?
Vous y avez un bonbon.   Un bonbon.

---

(1) Il ne s'agit que de choses, quand le pronom *que* est employé comme complément.

Qui, employé comme complément direct (1).

Exercice préparatoire.

Ce matin, j'ai salué le père Charles.
Hier, M. Marc a puni Victor.
Hier, M. Luc a grondé Paul et Louis.
Ce matin, nous avons salué M. le Directeur.
Ces dames ont embrassé Louis.
Ce matin, la chatte de Mme Forestier a pris un joli oiseau.
Hier, Louis a attrapé des papillons au jardin.
Hier, après le dîner, Félix a battu la chienne.

QUESTIONS.

3 1 2

Qui as-tu salué ce matin ?
J'ai salué le père Charles.   Le père Charles.
Qui M. Marc a-t-il puni hier ?
Il a puni Victor.   Victor.
Qui M. Luc a-t-il grondé hier ?
Il a grondé Paul et Louis.   Paul et Louis.
Qui avez-vous salué ce matin ?
Nous avons salué M. le Directeur.   M. le Directeur.
Qui ces dames ont-elles embrassé ?
Elles ont embrassé Louis.   Louis.
Qui la chatte de Mme Forestier a-t-elle pris ce matin ?
Elle a pris un joli oiseau.   Un joli oiseau.
Qui Louis a-t-il attrapé hier au jardin ?
Il y a attrapé des papillons.   Des papillons.
Qui Félix a-t-il battu hier après le dîner ?
Il a battu la chienne.   La chienne.

---

(1) Il s'agit seulement de personnes et d'animaux, quand le pronom *qui* est employé comme complément.

N. 12. Récapitulation.

1   2   3
Félix a battu Paul.

1 2 3 Qui a battu Paul ?	1 Félix.
3 1 2 Qui Félix a-t-il battu ?	3 Paul.

Félix a battu la chienne.

1 2 3 Qui a battu la chienne ?	1 Félix.
3 1 2 Qui Félix a-t-il battu ?	3 La chienne.

Félix a battu l'habit de Jules.

1 2 3 Qui a battu l'habit de Jules ?	1 Félix.
3 2 1 Qu' a battu Félix ?	3 L'habit de Jules.

La chienne a mordu M. Benjamin.

1 2 3 Qui a mordu M. Benjamin ?	1 La chienne.
3 1 2 Qui la chienne a-t-elle mordu ?	3 M. Benjamin.

La chienne a mordu la chatte de Denise.

1 2 3 Qui a mordu la chatte de Denise ?	1 La chienne.
3 1 2 Qui la chienne a-t-elle mordu ?	3 La chatte de Denise.

La chienne a déchiré le chapeau de Victor.

1 2 3 Qui a déchiré le chapeau de Victor ?	1 La chienne.
3 2 1 Qu' a déchiré la chienne ?	3 Le chapeau de Victor.

1   2   3

Une diligence a renversé cette vieille femme.

1 2 3	1
Qui a renversé cette vieille femme ?	Une diligence.
3 1 2	3
Qui une diligence a-t-elle renversé ?	Cette vieille femme.

Une diligence a renversé cet âne.

1 2 3	1
Qui a renversé cet âne ?	Une diligence.
3 1 2	3
Qui une diligence a-t-elle renversé ?	Cet âne.

Une diligence a renversé cette petite charrette.

1 2 3	1
Qui a renversé cette petite charrette ?	Une diligence.
3 2 1	3
Qu'a renversé une diligence ?	Cette petite charrette.

Tu as embrassé cet enfant.

1 2 3	1
Qui a embrassé cet enfant ?	Toi.
3 1 2	3
Qui ai-je embrassé ?	Cet enfant.

Nous avons salué M. le Directeur.

1 2 3	1
Qui a salué M. le Directeur ?	Nous.
3 1 2	3
Qui avez-vous salué ?	M. le Directeur.

J'ai perdu mon couteau.

1 2 3	1
Qui a perdu ton couteau ?	Moi.
3 1 2	3
Qu'as-tu perdu ?	Mon couteau.

N. 13. *Qui et quoi*

Employés comme régimes indirects.

Je pense à mon père.
A qui penses-tu ?
Je pense à mon père.   A mon père.

Je pense à mon chien.
A qui penses-tu ?
Je pense à mon chien.   A mon chien.

Je pense à mon fusil.
A quoi penses-tu ?
Je pense à mon fusil.   A mon fusil.

Cet enfant joue avec sa sœur.
Avec qui joue cet enfant ?
Il joue avec sa sœur.   Avec sa sœur.

Cet enfant joue avec un petit chat.
Avec qui joue cet enfant ?
Il joue avec un petit chat.   Avec un petit chat.

Cet enfant joue avec un cheval de bois.
Avec quoi joue cet enfant ?
Il joue avec un cheval de bois.   Avec un cheval de bois.

Hier, Charles est sorti avec son père.
Avec qui Charles est-il sorti hier ?
Il est sorti avec son père.   Avec son père.

Hier, Charles est sorti avec son chien.
Avec qui Charles est-il sorti hier ?
Il est sorti avec son chien.   Avec son chien.

Hier, Charles est sorti avec sa canne.
Avec quoi Charles est-il sorti hier ?
Il est sorti avec sa canne.   Avec sa canne.

Cet enfant se moque de Charles.
De qui se moque cet enfant ?
Il se moque de Charles. — De Charles.

Cet enfant se moque de ce singe.
De qui se moque cet enfant ?
Il se moque de ce singe. — De ce singe.

Cet enfant se moque de ma redingote.
De quoi se moque cet enfant ?
Il se moque de ta redingote. — De ta redingote.

Pour qui est cette lettre ?
Elle est pour le père Charles. — Pour le père Charles.
Contre qui êtes-vous fâché ?
Je le suis contre Claude. — Contre Claude.

Avec quoi taille-t-on les plumes ?
On les taille avec un canif. — Avec un canif.
Avec quoi fait-on le pain ?
On le fait avec de la farine. — Avec de la farine.
Avec quoi Jean a-t-il frappé Jules ?
Il l'a frappé avec son ardoise. — Avec son ardoise.
A quoi avez-vous joué hier soir ?
Nous avons joué aux dames. — Aux dames.
A quoi sert le canif ?
Il sert à tailler les plumes. — A tailler les plumes.
De quoi se sert-on pour tailler les plumes ?
On se sert d'un canif pour les tailler. — D'un canif.
De quoi parlent ces messieurs ?
Ils parlent de cette maison. — De cette maison.
Ils parlent d'affaires. — D'affaires.
Ils parlent du nouveau préfet. — Du nouveau préfet.

N. 14. *Que*

Employé avec le verbe *Faire*.

Exercice préparatoire.

M. Peyson est peintre.   M. Bret est préfet du Rhône.
Félix étudie.   Vous nous dictez des phrases.

Nous répondons à vos questions.

Quand je suis entré hier chez M. Léon, il était couché sur son canapé et lisait un journal.

QUESTIONS.

1.

Que fait M. Peyson ?   Il est peintre.
Que fait M. Bret ?   Il est préfet du Rhône.
Que fait votre père ?   Il est laboureur.

2.

Que fait Félix ?   Il étudie.
Que faites-vous ?   Nous répondons à vos questions.
Que fais-je ?   Vous nous dictez des phrases.
Que faites-vous à midi ?   Nous dinons.
Que ferez-vous demain à midi ?   Nous dinerons.
Qu'avez-vous fait hier à midi ? Nous avons diné.
Que faites-vous à 5 heures du matin? Nous nous levons.
Que faisait M. Léon quand vous êtes
    entré hier chez lui ?   Il était couché sur son canapé et
                                 lisait un journal.

3.

Que fait le cordonnier ?   { Il fait des souliers.
                                 { Des souliers.
Que fait le blanchisseur ?   Il blanchit du linge.
Que fait le serrurier ?   { Il fait des clefs, des serrures, etc.
                                 { Des clefs, des serrures, etc.

N. 15. *Qu'est-ce que.*

Qu'est-ce que le chien ?
C'est un quadrupède domestique.
Qu'est-ce que les chiens ?
Ce sont des quadrupèdes domestiques.
Qu'est-ce que la souris ?
C'est un petit quadrupède.
Qu'est-ce que les souris ?
Ce sont de petits quadrupèdes.
Qu'est-ce que l'aigle ?
C'est un oiseau de proie.
Qu'est-ce que le soleil ?
C'est un astre brillant.
Qu'est-ce que le poirier ?
C'est un arbre fruitier.
Qu'est-ce que le canif ?
C'est un instrument.
Qu'est-ce que l'habit ?
C'est un vêtement d'homme.
Qu'est-ce que les haricots ?
C'est un légume.
Qu'est-ce que la France ?
C'est une contrée d'Europe.
Qu'est-ce que Paris ?
C'est la capitale de la France.
Qu'est-ce que le dimanche ?
C'est le premier jour de la semaine.
Qu'est-ce que Mars ?
C'est le troisième mois de l'année.
Qu'est-ce que le printemps ?
{ C'est une saison de l'année.
{ C'est l'une des quatre saisons de l'année.
{ C'est la première saison de l'année.

3

N. 16.   Interrogation affirmative

EMPLOYÉE AVEC LES ADVERBES

Beaucoup, souvent, toujours, longtemps, bientôt, encore, déjà, tard, bien, mal, assez.

Exercice préparatoire.

Hier, j'ai beaucoup couru.	M. Luc n'a plus son chat.
J'ai encore mon vieux képi.	M. Becle n'est pas encore reparti.

QUESTIONS.

Avez-vous beaucoup de livres?	Non, je n'en ai pas beaucoup.	Non.
As-tu beaucoup couru hier?	Oui, j'ai beaucoup couru.	Oui.
As-tu été souvent malade?	Non, je ne l'ai pas été souvent.	Non.
M. Piaton sort-il souvent?	Oui, il sort souvent.	Oui.

M. Duplat vient-il toujours le dimanche?
Oui, il vient toujours le dimanche.   Oui.
Cet élève a-t-il toujours été sage le mois dernier?
Non, il ne l'a pas toujours été le mois dernier.   Non.

Le corbeau vit-il longtemps?
Oui, il vit longtemps.   Oui.
M. Piaton est-il ici depuis longtemps?
Oui, il y est depuis longtemps.   Oui.
Louis est-il malade depuis longtemps?
Non, il ne l'est pas depuis longtemps.   Non.

Le printemps arrivera-t-il bientôt?
Oui, il arrivera bientôt.   Oui.
Henri quittera-t-il bientôt l'école?
Non, il ne la quittera pas bientôt.   Non.

M. Luc est-il encore jeune ?	Oui, il l'est encore.	Oui.
Berger est-il encore élève ?	Non, il n'est plus élève.	Non.
Y a-t-il encore de la craie dans la petite armoire ?	Oui, il y en a encore.	Oui.
Le père d'Ali vit-il encore ?	Non, il ne vit plus.	Non.
As-tu encore ton vieux képi ?	Oui, je l'ai encore.	Oui.
M. Luc a-t-il encore son chat ?	Non, il ne l'a plus.	Non.

Est-il déjà midi ?	Non, il n'est pas encore midi.	Non.
M. Bernard est-il déjà sorti ?	Oui, il est déjà sorti.	Oui.
M. Becle est-il déjà reparti ?	Non, il n'est pas encore reparti.	Non.

Le tailleur se couche-t-il tard ?
Oui, il se couche tard.   Oui.
Ce matin, vous êtes-vous levés tard ?
Non, nous ne nous sommes pas levés tard.   Non.

Paul écrit-il bien ?	Non, il n'écrit pas bien.	Non.
M. Bert dessine-t-il très-bien ?	Oui, il dessine très-bien.	Oui.

Ali marche-t-il mal ?	Oui, il marche mal.	Oui.
Louis écrit-il mal ?	Non, il n'écrit pas mal.	Non.

Avez-vous assez d'encre ?	Oui, nous en avons assez.	Oui.
Avez-vous assez de craie ?	Non, nous n'en avons pas assez.	Non.
Jean est-il assez instruit ?	Non, il ne l'est pas assez.	Non.

Roch a-t-il été quelquefois malade ?
Oui, il l'a été quelquefois.   Oui.
Vous donne-t-on quelquefois des olives ?
Non, on ne nous en donne jamais.   Non.

N. 17.   Verbe *Être*

Employé avec le pronom démonstratif *Ce*.

Exercice préparatoire.

C'est M. Forestier.
Ce n'est pas Mme la Directrice.
C'est mon chapeau.
Ce n'est pas mon chien.
C'est mon frère.
Ce sont mes parents.
Ce sont les enfants de M. Baptiste.
Ce sont les filles de M. Perrin.

QUESTIONS.

Est-ce M. Forestier ?
Oui, c'est lui.   Oui.
Est-ce Mme la Directrice ?
Non, ce n'est pas elle.   Non.
Est-ce votre chapeau ?
Oui, c'est mon chapeau.   Oui.
Est-ce votre chien ?
Non, ce n'est pas lui.   Non.
Est-ce votre frère ?
Oui, c'est lui.   Oui.
Sont-ce vos parents ?
Oui, ce sont eux.   Oui.
Sont-ce les enfants de M. Baptiste ?
Oui, ce sont eux.   Oui.
Sont-ce les filles de M. Perrin ?
Oui. ce sont elles.   Oui.

N. **18.** Verbes qui régissent le subjonctif.

Désires-tu que je te montre mon livre plein de jolies images ?
Oui, je le désire.   Oui.
Désirez-vous que je vous tire l'oreille ?
Non, je ne le désire pas.   Non.
Cet enfant veut-il que sa bonne le mène promener ?
Oui, il le veut.   Oui.
Faut-il qu'aujourd'hui j'écrive à mes parents ?
Oui, il le faut.   Oui.
Craignez-vous qu'il ne pleuve demain ?
Non, je ne le crains pas.   Non.
M. Luc doute-t-il que le médecin vienne aujourd'hui ?
Non, il n'en doute pas.   Non.
Doutez-vous qu'il fasse encore beau temps demain ?
Oui, j'en doute.   Oui.
Etes-vous contents qu'on vous ait donné des pommes cuites hier ?
Oui, nous en sommes contents.   Oui.
Es-tu fâché que ta mère ne soit pas venue te chercher dimanche ?
Oui, j'en suis fâché.   Oui.

Crois-tu qu'il pleuve ce soir ?
Oui, je le crois.   Oui.
Non, je ne le crois pas.   Non.
M. Luc croit-il qu'aux vacances prochaines, M. Peyson vienne à Lyon ?
Non, il ne le croit pas.   Non.
Espères-tu que ta mère vienne te chercher dimanche ?
Non, je ne l'espère pas.   Non.
Oui, je l'espère.   Oui.
Louis espère-t-il que son père lui envoie bientôt des confitures ?
Oui, il l'espère.   Oui.

N. 19. *Quel* (suite).

I.

Quel employé comme sujet.

Exercice préparatoire.

Paul a cassé cette vitre.
{ La chatte de Denise a pris un morceau de viande à la cuisine.
{ Minette a pris un morceau de viande à la cuisine.
Marie a jeté de l'eau dans la cour.
M. Luc a donné des poires à cet élève.
Mlle Rose a dîné dimanche avec M. le Directeur.
Une diligence a écrasé l'enfant de cette pauvre femme.
Paul, Louis, Félix et Jules ont dîné dimanche avec M. le Directeur.
Luce et Julie ont dîné dimanche avec Mme la Directrice.

QUESTIONS.

Un élève a cassé cette vitre.

1
Quel élève a cassé cette vitre ?
C'est Paul.   Paul.

Un chat a pris un morceau de viande à la cuisine.
Quel chat a pris un morceau de viande à la cuisine ?
{ C'est la chatte de Denise.   { La chatte de Denise.
{ C'est Minette.   { Minette.

Une servante a jeté de l'eau dans la cour.
Quelle servante a jeté de l'eau dans la cour ?
C'est Marie.   Marie.

Un maître a donné des poires à cet élève.
Quel maître a donné des poires à cet élève ?
C'est M. Luc.   M. Luc.

Une maîtresse a dîné avec M. le Directeur dimanche.
Quelle maîtresse a dîné avec M. le Directeur dimanche ?
C'est Mlle Rose.   Mlle Rose.

Une voiture a écrasé l'enfant de cette pauvre femme.
Quelle voiture a écrasé l'enfant de cette pauvre femme ?
C'est une diligence.   Une diligence.

Quels élèves ont dîné dimanche avec M. le Directeur ?
C'est Paul, Louis, Félix et Jules.   Paul, Louis, Félix et
                                                  Jules.

Quelles élèves ont dîné dimanche avec Mme la Directrice ?
C'est Luce et Julie.   Luce et Julie.

Qui nous donne des œufs ?
Quels oiseaux nous donnent des œufs ?
Ce sont les poules.   Les poules.

Qui nous donne du lait ?
Quels animaux nous donnent du lait ?
C'est la vache et la chèvre.   La vache et la chèvre.
Quel insecte nous donne du miel ?
C'est l'abeille.   L'abeille.

Qui porte des cerises ?
Quel arbre porte des cerises ?
C'est le cerisier.   Le cerisier.

II.

Quel employé comme régime direct.

Exercice préparatoire.

Jean a frappé Paul.   Louis lit Télémaque.
J'ai battu la chatte de Denise.   Paul dessine un lion.
  J'ai perdu hier le livre de Victor.
  J'ai cueilli ce matin un œillet au jardin.
  Claude et Jean cueillent des pommes au clos.
  Hier, M. Luc a cueilli des pêches au clos.
  Ce matin, il a cueilli des roses au jardin.
  Hier, M. le Directeur a récompensé Paul, Jules et Félix.
  Félix a dessiné une rose et un papillon sur le tableau.
  M. Acary a donné hier une image de la sainte Vierge à Jules.

QUESTIONS.

Louis lit un livre.
  3   2   1
Quel livre lit Louis ?
{ Il lit Télémaque.   Télémaque.
{ C'est Télémaque.   Télémaque.

Jean a frappé un élève.
Quel élève Jean a-t-il frappé ?
{ Il a frappé Paul.   Paul.
{ C'est Paul.   Paul.

J'ai battu un chat.
Quel chat as-tu battu ?
{ J'ai battu la chatte de Denise.   La chatte de Denise.
{ C'est la chatte de Denise.   La chatte de Denise.

Paul dessine un animal.
Quel animal dessine Paul ?
{ Il dessine un lion.   Un lion.
{ C'est un lion.   Un lion.

J'ai cueilli ce matin une fleur au jardin.
Quelle fleur as-tu cueillie ce matin au jardin ?
C'est un œillet.   Un œillet.

Jean et Claude cueillent des fruits au clos.
Quels fruits cueillent Jean et Claude au clos ?
Ce sont des pommes.   Des pommes.

Félix a dessiné une fleur et un insecte sur le tableau.
Quelle fleur et quel insecte Félix a-t-il dessinés sur le tableau ?
C'est un papillon et une rose.   Un papillon et une rose.

J'ai perdu hier un livre.
Quel livre as-tu perdu hier ?
C'est celui de Victor.   Celui de Victor.

M. Acary a donné hier une image à Jules.
Quelle image M. Acary a-t-il donnée hier à Jules ?
C'est celle de la sainte Vierge.   Celle de la sainte Vierge.

Quels fruits M. Luc a-t-il cueillis hier au clos ?
Ce sont des pêches.   Des pêches.
Quelles fleurs a-t-il cueillies ce matin au jardin ?
Ce sont des roses.   Des roses.

Quels élèves M. le Directeur a-t-il récompensés hier ?
C'est Paul, Félix et Jules.   Paul, Félix et Jules.
Quelles élèves a-t-il récompensées hier ?
C'est Elise et Julie.   Elise et Julie.

Quelles églises de Lyon avez-vous vues ?
Ce sont celles de St-Jean, de St-Just et de   Celles de St-Jean, de St-
St-Pierre.   Just et de St-Pierre.

III.

Quel employé comme régime indirect.

Exercice préparatoire.

J'ai prêté mon canif à Louis.
Cet élève s'est moqué de Denise.
Ce petit élève a jeté une grosse pierre à la chatte de Denise.
J'ai mis mon cahier sur l'ardoise de Jules.

QUESTIONS.

J'ai prêté mon canif à un élève.
A quel élève as-tu prêté ton canif?
) Je l'ai prêté à Louis.   A Louis.
) C'est à Louis.   A Louis.

Ce petit élève a jeté une grosse pierre à un chat.
A quel chat ce petit élève a-t-il jeté une grosse pierre?
C'est à la chatte de Denise.   A la chatte de Denise.

J'ai mis mon cahier sur une ardoise.
Sur quelle ardoise as-tu mis ton cahier ?
C'est sur celle de Jules.   Sur celle de Jules.

Cet élève s'est moqué d'une servante.
De quelle servante cet élève s'est-il moqué ?
C'est de Denise.   De Denise.

Nous avons un petit et un grand dortoir.
Dans quel dortoir couchez-vous ?
C'est dans le grand dortoir.   Dans le grand dortoir.

A quels élèves M. le Directeur a-t-il donné hier des images ?
C'est à Jules, à Paul et à Félix.   A Jules, à Paul et à Félix.
A quelles élèves en a-t-il donné hier ?
C'est à Elise et à Julie.   A Elise et à Julie.
Entre quels élèves mangez-vous au réfectoire ?
C'est entre Paul et Jules.   Entre Paul et Jules.

N. 20.   **Récapitulation.**

1.

1   2   3
Quel élève a cassé cette vitre ?
C'est Paul.   Paul.
Quelle servante a jeté de l'eau dans la cour ?
C'est Marie.   Marie.
Quels élèves arrosent le jardin ?
C'est Fuz et Ali.   Fuz et Ali.
Quelles élèves ont communié hier ?
Ce sont celles de Mlle Rose.   Celles de Mlle Rose.

2.

3   1   2
Quel élève Jean a-t-il frappé ?
C'est Paul.   Paul.
Quelle fleur as-tu cueillie au jardin ?
C'est une rose.   Une rose.
Quels élèves M. Luc a-t-il punis hier ?
C'est Jules et Paulin.   Jules et Paulin.
Quelles élèves Mme Foy a-t-elle embrassées ?
Ce sont celles de Mlle Rose.   Celles de Mlle Rose.

3.

4 — 5   1   2   3
A quel élève as-tu prêté ton canif ?
C'est à Louis.   A Louis.
De quelle servante Fuz s'est-il moqué ?
C'est de Marie.   De Marie.
A quels élèves Mme Foy a-t-elle donné des images ?
C'est à ceux de M. Luc.   A ceux de M. Luc.
A quelles élèves a-t-elle donné des bonbons ?
C'est à Louise et à Julie.   A Louise et à Julie.

N. 21. Interrogation avec négation.

Exercice préparatoire.

M. Luc a une montre.
J'aime le fromage.
C'est M. Berthier.

Félix n'a pas de couteau.
M. Luc a assez d'argent.
Ce n'est pas mon képi.

Je n'ai pas vu ce petit élève entrer au clos.
Je n'ai pas reçu de nouvelles de mes parents depuis longtemps.

QUESTIONS.

M. Luc n'a-t-il pas de montre ?
Oui, il en a une.
Félix n'a-t-il pas de couteau ?
Non, il n'en a pas.
N'avez-vous pas d'argent ?
Oui, j'en ai.
Non, je n'en ai pas.
N'aimes-tu pas le fromage ?
Oui, je l'aime.
M. Luc n'a-t-il pas assez d'argent ?
Oui, il en a assez.
Jean ! n'avez-vous pas vu ce petit élève entrer au clos ?
Non, je ne l'ai pas vu.
N'as-tu pas reçu de nouvelles de tes parents depuis longtemps ?
Non, je n'en ai pas reçu depuis longtemps.
N'est-ce pas M. Berthier ?
Oui, c'est lui.
N'est-ce pas ton képi ?
}Non, ce n'est pas le mien.
}Non, ce n'est pas mon képi.

Il en a une.
Il n'en a pas.   Non.
J'en ai.
Je n'en ai pas.   Non.
Je l'aime.
Il en a assez.
Je ne l'ai pas vu.   Non.
Je n'en ai pas reçu depuis longtemps.   Non.
C'est lui.
}Ce n'est pas le mien.   Non.
}Ce n'est pas mon képi. Non.

CONJUGAISON.

N. 22.   TITRES

QU'EN RÉPONDANT AUX PERSONNES QUI LES INTERROGENT, LES ENFANTS
DOIVENT LEUR DONNER SELON LEUR ÉTAT, LEUR POSITION.

En parlant aux Parents.

Papa.	Mon oncle.
Maman.	Ma tante.

En parlant aux Supérieurs, aux Evêques.

Monsieur.	Monsieur le Maire.
Madame.	Monsieur le Préfet.
Mademoiselle.	Monseigneur.

Monsieur le vicaire-général.
Monsieur l'abbé.
Monsieur le curé.

En parlant aux Chefs, Professeurs et Sous-Maîtresses de la Maison.

Mon Professeur.	Mademoiselle.
Monsieur le Directeur.	) Madame la Directrice.
Monsieur l'Aumônier.	(Madame.

En parlant aux membres des ordres religieux et des congrégations
religieuses.

Mon frère.		Ma sœur.
Mon père.	Madame.	Ma mère.

Application.

Interrogation faite par les Parents.

As-tu besoin d'argent ? Oui, *Papa.* Oui, *mon oncle.*
Oui, *Maman.* Oui, *ma tante.*

Interrogation faite par le Professeur, la Sous-Maitresse.

Savez-vous bien cette leçon ? Oui, *mon Professeur.*
Non, *mon Professeur.*

Oui, *Mademoiselle.*
Non, *Mademoiselle.*

Interrogation faite par les Directeurs de la Maison.

Vous portez-vous bien ? Oui, *Monsieur le Directeur.*
) Oui, *Madame la Directrice*
) Oui, *Madame.*

Interrogation faite par un Supérieur, une Supérieure, un Évêque,
un Prêtre, etc.

Avez-vous fait votre première
communion ? Non, *Monsieur.*
Non, *Madame.*
Non, *Mademoiselle.*
Non, *Monsieur le Maire.*
Non, *Monsieur le Préfet.*
Non, *Monseigneur.*
Non, *Monsieur le Vicaire-général.*
Non, *Monsieur le Curé.*
Non, *Monsieur l'abbé.*
Non, *mon père.*
Non, *Madame.*
Non, *ma sœur.*
Non, *mon frère.*

Exercices.

Conversation entre un Elève et son Curé.

Le Curé :	Comment s'appelle votre aumônier?
L'élève :	Le Père Charles, capucin.
Le Curé :	Est-il vieux?
L'élève :	Non, monsieur le Curé.
Le Curé :	Quel est son àge?
L'élève :	40 ans environ.
Le Curé :	Est-il bon?
L'élève :	Oui, monsieur le Curé.
Le Curé :	Parle-t-il bien par gestes?
L'élève :	Oui, monsieur le Curé.
Le Curé :	D'où est-il?
L'élève :	De Gênes.
Le Curé :	Ses parents vivent-ils encore?
L'élève :	Non, monsieur le Curé.

Conversation entre Arthur et Paulin, son ami.

Arthur :	Pensez-vous toujours à partir pour Paris?
Paulin :	Oui.
Arthur :	Quand croyez-vous partir?
Paulin :	Dans quinze jours.
Arthur :	Combien de temps y resterez-vous?
Paulin :	Deux ou trois mois.
Arthur :	Y êtes-vous déjà allé?
Paulin :	Non.
Arthur :	Partirez-vous tout seul?
Paulin :	Oui.
Arthur :	Avez-vous des parents à Paris?
Paulin :	Non.
Arthur :	Que ferez-vous après y avoir passé deux ou trois mois?
Paulin :	Je reviendrai.

N. 23.   Synonymies.

Votre père est-il encore vivant ? / Votre père vit-il encore ?

Quel âge avez-vous ? / Quel est votre âge ?

Où êtes-vous né ? / D'où êtes-vous ? / Quel est votre pays ? / De quel pays êtes-vous ?

Comment vous portez-vous ? / Comment allez-vous ?

Comment se porte votre père ? / Comment va votre père ?

Comment vous appelez-vous ? / Comment vous nommez-vous ? / Quel est votre nom ?

Comment s'appelle cette fleur ? / Comment se nomme cette fleur ? / Quel est le nom de cette fleur ?

Comment appelle-t-on cet objet ? / Comment nomme-t-on cet objet ?

Quel est votre prénom ? / Quel est votre nom de baptême ?

Que fait votre père ? / Quel est le métier de votre père ? / Quel est l'état de votre père ? / Quelle est la profession de votre père ?

Quelle est la forme du poêle ? / De quelle forme est le poêle ?

Quelle est la couleur du lis ? / De quelle couleur est le lis ?

Avec quoi taille-t-on les plumes ? / Avec quel instrument taille-t-on les plumes ? / De quoi se sert-on pour tailler les plumes ? / De quel instrument se sert-on pour tailler les plumes ?

Combien Victor a-t-il de livres ? / Combien de livres a Victor ?

Combien y a-t-il de cerisiers au jardin ? / Combien de cerisiers y a-t-il au jardin ?

Combien Félix a-t-il acheté de livres ? / Combien de livres Félix a-t-il achetés ?

Combien de jours M. Luc a-t-il passés chez le père d'Ali ? — Dix.

Combien de temps M. Luc a-t-il passé chez le père d'Ali ? — Dix jours.

Combien d'années M. Forestier a-t-il passées à Paris? — Vingt.

Combien de temps M. Forestier a-t-il passé à Paris? — Vingt années.

Combien d'années cet officier a-t-il demeuré en Afrique? — Six.

Combien de temps cet officier a-t-il demeuré en Afrique ? — Six années.

Depuis combien d'années M. Perrin est-il votre médecin?

Depuis combien de temps M. Perrin est-il votre médecin ? — Depuis 30 ans.

Depuis combien de mois n'as-tu pas vu tes parents?

Depuis combien de temps n'as-tu pas vu tes parents ? — Depuis trois mois.

En combien de jours le tailleur fait-il un habit?

En combien de temps le tailleur fait-il un habit? — En trois jours.

En combien d'heures va-t-on de Lyon à Paris?

En combien de temps va-t-on de Lyon à Paris ? — En dix heures.

Depuis quand êtes-vous à l'école? — Depuis trois ans.

Depuis combien de temps êtes-vous à l'école? — Depuis trois ans.

Combien y a-t-il de temps que vous êtes à l'école? — Il y a trois ans.

Combien de temps y a-t-il que vous êtes à l'école? — Il y a trois ans.

Depuis quand n'as-tu pas vu tes parents? — Depuis trois mois.

Depuis combien de temps n'as-tu pas vu tes parents ? — Depuis trois mois.

Combien y a-t-il de temps que tu n'as vu tes parents? — Il y a trois mois.

Combien de temps y a-t-il que tu n'as vu tes parents ? — Il y a trois mois.

N. 24. SYNONYMIES

Quel employé

{ Quel élève a cassé cette vitre ?
{ Quel est l'élève qui a cassé cette vitre ?

{ Quel chat a pris un morceau de viande à la cuisine ?
{ Quel est le chat qui a pris un morceau de viande à la cuisine ?

{ Quelle servante a jeté de l'eau dans la cour ?
{ Quelle est la servante qui a jeté de l'eau dans la cour ?

{ Quels élèves ont dîné avec M. le Directeur dimanche dernier ?
{ Quels sont les élèves qui ont dîné avec M. le Directeur dimanche dernier ?

{ Quelles élèves ont dîné avec M. le Directeur il y a eu dimanche 8 jours ?
{ Quelles sont les élèves qui ont diné avec M. le Directeur il y a eu di-
　 manche huit jours ?

{ Quels oiseaux nous donnent des œufs ?
{ Quels sont les oiseaux qui nous donnent des œufs ?

{ Quels animaux nous donnent du lait ?
{ Quels sont les animaux qui nous donnent du lait ?

{ Quel arbre porte des cerises ?
{ Quel est l'arbre qui porte des cerises ?

{ Quel élève de M. Luc est le premier de sa classe ?
{ Quel est l'élève de M. Luc qui est le premier de sa classe ?

Quel employé

{ Quel élève Jean a-t-il frappé ?
{ Quel est l'élève que Jean a frappé ?

(suite).

avec sujet.

C'est Paul qui l'a cassée.	Paul.
C'est Paul.	Paul.
C'est la chatte de Denise qui en a pris un.	La chatte de Denise.
C'est la chatte de Denise.	La chatte de Denise.
C'est Marie qui en a jeté.	Marie.
C'est Marie.	Marie.
C'est Paul, Félix et Jules qui ont diné avec lui.	Paul, Félix et Jules.
C'est Paul, Félix et Jules.	Paul, Félix et Jules.
C'est Elise et Julie qui ont dîné avec lui.	Elise et Julie.
C'est Elise et Julie.	Elise et Julie.
Ce sont les poules qui nous en donnent.	Les poules.
Ce sont les poules.	Les poules.
C'est la vache et la chèvre qui nous en donnent.	La vache et la chèvre.
C'est la vache et la chèvre.	La vache et la chèvre:
C'est le cerisier qui en porte.	Le cerisier.
C'est le cerisier.	Le cerisier.
C'est Louis qui l'est.	Louis.
C'est Louis.	Louis.

avec régime direct.

C'est Louis qu'il a frappé.	Louis.
C'est Louis.	Louis.

} Quel chat as-tu battu ?
} Quel est le chat que tu as battu ?

} Quelle fleur as-tu cucillie ce matin au jardin ?
} Quelle est la fleur que tu as cueillie ce matin au jardin ?

} Quels fruits cueillent Jean et Claude au clos ?
} Quels sont les fruits que Jean et Claude cueillent au clos ?

} Quelle élève de Mlle Rose Mme la Directrice a-t-elle récompensée hier ?
} Quelle est l'élève de Mlle Rose que Mme la Directrice a récompensée hier ?

Quel employé

} A quel élève as-tu prêté ton canif ?
} Quel est l'élève à qui tu as prêté ton canif ?
} Quel est l'élève auquel tu as prêté ton canif ?

} A quelle servante Mme Forestier a-t-elle remis le journal ?
} Quelle est la servante à qui Mme Forestier a remis le journal ?
} Quelle est la servante à laquelle Mme Forestier a remis le journal ?

} A quels élèves M. Foy a-t-il donné hier des images ?
} Quels sont les élèves à qui M. Foy a donné hier des images ?
} Quels sont les élèves auxquels M. Foy a donné hier des images ?

} A quelles élèves M. Foy a-t-il donné hier des images ?
} Quelles sont les élèves à qui M. Foy a donné hier des images ?
} Quelles sont les élèves auxquelles M. Foy a donné hier des images ?

} Sur quelle ardoise as-tu mis ton cahier ?
} Quelle est l'ardoise sur laquelle tu as mis ton cahier ?

} A quel élève de M. Luc Mme Foy a-t-elle donné des bonbons ?
} Quel est l'élève de M. Luc à qui Mme Foy a donné des bonbons ?

{C'est la chatte de Denise que j'ai battue.   La chatte de Denise.
{C'est la chatte de Denise.   La chatte de Denise.

{C'est un œillet que j'y ai cueilli.   Un œillet.
{C'est un œillet.   Un œillet.

{Ce sont des pommes qu'ils y cueillent.   Des pommes.
{Ce sont des pommes.   Des pommes.

{C'est la petite Zoé qu'elle a récompensée.   La petite Zoé.
{C'est la petite Zoé.   La petite Zoé.

avec régime indirect.

{C'est à Louis que je l'ai prêté.   A Louis.
{C'est à Louis.   A Louis.

{C'est à Marie qu'elle l'a remis.   A Marie.
{C'est à Marie.   A Marie.

{C'est à Paul, à Félix et à Jules qu'il en a don- né.   A Paul, à Félix et à Jules.
{C'est à Paul, à Félix et à Jules.   A Paul, à Félix et à Jules.

{C'est à Elise et à Julie qu'il en a donné.   A Elise et à Julie.
{C'est à Elise et à Julie.   A Elise et à Julie.

{C'est sur celle de Victor que je l'ai mis.   Sur celle de Victor.
{C'est sur celle de Victor.   Sur celle de Victor.

{C'est à Louis qu'elle en a donné.   A Louis.
{C'est à Louis.   A Louis.

DEUXIÈME CAHIER.

PETIT QUESTIONNAIRE.

N. 25. Interrogation avec affirmation.

Exercice préparatoire.

M. Luc est sorti. J'ai besoin d'argent.

M. Acary est chez lui. Fuz et moi, nous aimons le lait.

Félix n'aime pas la salade; moi, je l'aime.

Cette année, Bert et moi, nous n'avons pas eu de prix.

M. Belmont n'est pas encore reparti.

J'ai lu ce livre, mais je n'ai pas encore lu cet autre.

Jean a balayé la classe et les dortoirs.

Jean n'a balayé ni le lavoir ni le vestiaire.

La montre de M. Luc est d'or; elle est jolie, mais un peu trop grosse.

Tous les élèves sont sortis hier, excepté Paul et Félix.

J'ai un couteau, mais je n'ai pas de canif.

Je désire aller passer ces vacances chez mes parents, mais je ne l'espère pas.

Nous allons à la promenade le dimanche quand il fait beau.

Cet enfant a des souliers, mais ils sont troués.

Je connais cette dame, c'est la tante de Jules.

Je crois que M. le Directeur est chez lui.

Je ne crois pas que M. le Directeur soit chez lui.

QUESTIONS.

M. Luc est-il chez lui ? Non, monsieur, il est sorti.

Et M. Acary ? (1) Oui, monsieur, il y est.

Félix aime-t-il la salade ? Non, monsieur.

Et toi ? (2) Oui, monsieur.

Fuz aime-t-il le lait? Oui, monsieur.

Et toi ? Oui, moi aussi.

---

(1) Et M. Acary, (est-il chez lui) ?   (2) Et toi, (l'aimes-tu) ?

Bert a-t-il eu un prix cette année ? Non, monsieur.
Et toi ? Ni moi non plus.

Votre père est-il parlant ? *Votre père est-il sourd-muet ?*
Oui, monsieur. Non, monsieur.
Et votre mère ? *Et votre mère ?*
Oui, elle aussi. Ni elle non plus.

Jean a-t-il balayé la classe ? *Jean a-t-il balayé le lavoir ?*
Oui, mon professeur. Non, mon professeur.
Et les dortoirs? (1) *Et le vestiaire ?*
Aussi. Non plus.

M. Belmont est-il reparti ? Pas encore.
Avez-vous lu ce livre ? Oui, monsieur.
Et cet autre ? Pas encore.

La montre de M. Luc est-elle d'argent ?
Non, monsieur, elle est d'or.
Est-elle jolie ?
Oui, monsieur, mais elle est un peu trop grosse.

Les cheveux de Paul sont-ils noirs ?
Non, monsieur, ils sont châtains.

Tous les élèves sont-ils sortis hier ?
Oui, monsieur, excepté Paul et Félix.

As-tu un couteau et un canif ?
J'ai un couteau, mais je n'ai pas de canif.

Cet enfant a-t-il des souliers ?
Oui, monsieur, mais ils sont troués.

Désirez-vous aller passser ces vacances chez vos parents ?
Oui, monsieur, mais je ne l'espère pas.

---

(1) Et les dortoirs, (les a-t-il balayés aussi) ?

Allez-vous à la promenade le dimanche ?
Oui, quand il fait beau.

As-tu besoin de quelque chose ?
Oui, papa, jai besoin d'argent.

M. et Mme Forestier sont-ils sourds-muets ?
L'un l'est, mais l'autre ne l'est pas.
M. et Mme Forestier sont-ils parlants ?
L'un ne l'est pas, mais l'autre l'est.

MM. Acary et Piaton ont-ils une montre ?
L'un n'en a pas, mais l'autre en a une.
MM. Piaton et Acary ont-ils une montre ?
L'un en a une, mais l'autre n'en a pas.

Connaissez-vous cette dame ?
Oui, mon professeur, c'est la tante de Jules.

Voulez-vous remettre cette lettre à mon frère ?
Je le veux bien.
Volontiers, bien volontiers, très-volontiers.
Avec plaisir, avec grand plaisir.

Voulez-vous vous promener avec moi ?
Je le veux bien.
Volontiers, bien volontiers, très-volontiers.
Avec plaisir, avec grand plaisir.

M. le Directeur est-il chez lui ?

Je crois que oui.	Je crois que non.
Je le crois.	Je ne le crois pas.

M. Allibert viendra-t-il à Lyon cette année ?

Je ne le sais pas.	J'en doute.
Je n'en sais rien.	C'est possible.
Jene sais.	Peut-être.

Aimez-vous M. Belmont ?

Je ne puis vous le dire.   Je ne veux pas vous le dire.

N. 26. Suite de la leçon précédente.

Exercice préparatoire.

Je mange de la salade tous les jours.   Je n'ai pas le sou.
Ce sourd-muet est peu instruit.   J'ai vingt-cinq centimes.
Je n'ai jamais vu de girafe.   J'ai peu d'argent, un peu d'argent,
J'ai vu deux fois un éléphant.   Je n'ai pas de monnaie d'argent.

J'aime beaucoup, peu, un peu, fort peu, médiocrement, le vin blanc.

Je n'aime pas beaucoup le vin blanc.

La montre de Mme Forestier est très-jolie.

J'ai quelques pièces d'argent, deux francs.

J'ai un livre, peu de livres, quelques livres, cinq livres.

M. Forestier a beaucoup de livres ; moi, j'en ai très-peu.

Louis n'a pas de livre ; moi, j'en ai très-peu ; — moi, j'en ai dix.

M. Piaton a beaucoup d'argent ; moi, j'en ai très-peu.

Victor n'a pas d'argent ; moi, j'en ai peu.

Je désire vivement aller passer ces vacances chez mes parents.

M. Berthier viendra à Lyon l'année prochaine, dans deux ans.

QUESTIONS.

Aimes-tu le vin blanc ?   Oui, monsieur, je l'aime beaucoup.
   Peu.—Un peu.—Fort peu.
   Pas beaucoup.
   Médiocrement.

Aimez-vous la salade ?   Oui, monsieur, j'en mange tous les jours.

La montre de Mme Forestier est-elle jolie ?   Oui, monsieur, très-jolie.

Ce sourd-muet est-il instruit ?   Peu.

Avez-vous vu une girafe ?   Jamais.
   Non, monsieur, je n'en ai jamais vu.

Avez-vous vu un éléphant ?   Oui, monsieur, deux fois.

Avez-vous des livres ?

Je n'en ai qu'un.
J'en ai peu.
Oui, monsieur, j'en ai quelques-uns.
Oui, monsieur, j'en ai cinq.

M. Forestier a-t-il des livres ?

Oui, monsieur, il en a beaucoup.

Et vous ?

Oh ! j'en ai très-peu.

Louis a-t-il des livres ?

Non, monsieur.

Et vous ?

Oui, monsieur, j'en ai dix.
Oui, monsieur, mais j'en ai fort
peu.

As-tu de l'argent ?

J'en ai peu. — J'en ai un peu.
Pas beaucoup.
Oui, monsieur, mais je n'ai que
25 centimes.
Oui, monsieur, j'ai quelques pièces
d'argent.
Oui, monsieur, j'ai 2 francs.
Non, monsieur, je n'ai pas le sou.

M. Piaton a-t-il de l'argent ?

Oui, monsieur, il en a beaucoup.

Et vous ?

Oh ! j'en ai fort peu.

Victor a-t-il de l'argent ?

Non, monsieur.

Et toi ?

Oui, monsieur, mais j'en ai peu.

As-tu quelques petites monnaies ?

Oui, monsieur, j'ai 25 centimes.
Aucune.

Désirez-vous aller passer ces vacances chez vos parents ?

Oui, monsieur, je le désire beaucoup.
Oui, monsieur, je le désire vivement.

M. Berthier viendra-t-il à Lyon cette
année ?

Non, monsieur, mais il y viendra
l'année prochaine.
Non, monsieur, il n'y viendra que
dans deux ans.

N. 27.   Interrogation affirmative

EMPLOYÉE AVEC LES ADVERBES

*Beaucoup, souvent, toujours, rarement, longtemps, bientôt, encore,
déjà, tard, bien, mal, assez.*

Exercice préparatoire.

J'ai deux livres.

J'ai vu deux fois M. le Préfet.

Je n'ai jamais vu M. le Préfet.

M. Luc est rentré un peu tard.

Nous n'avons pas assez de craie.

Julie coud mal, très-mal.

Victor dessine assez bien.

Je n'aurai bientôt plus de noix.

Nous n'aurons bientôt plus d'encre.

Louis a des pommes.

M. Léon vient souvent le dimanche.

Mme Foy vient quelquefois le jeudi.

Nous n'avons pas assez de charbon, nous n'en aurons bientôt plus.

M. Bert vient très-souvent, tous les dimanches.

J'écris à mes parents tous les mois, tous les trois mois.

M. Luc reçoit rarement, quelquefois des nouvelles de Lille.

Je pense souvent, très-souvent, tous les jours à vous.

M. Clerc vient tous les dimanches.

Mon oncle vient quelquefois me voir.

Jules est à l'Institution depuis peu de temps.

} Cet élève restera une année encore à l'Institution.

} Cet élève restera encore une année à l'Institution.

Mon frère viendra dans un mois, aux vacances prochaines.

La petite Agathe ne sait pas encore lire, elle commence seulement.

Paul écrit très-bien, assez bien, passablement, mal, très-mal.

Les parents de Paul lui ont envoyé, il y a longtemps, du chocolat.

Fillon n'est plus ici depuis neuf mois.

M. Perrin partira pour Paris ce soir; il y est déjà allé.

M. Perrin partira pour Paris ce soir; il y est déjà allé deux fois.

Hier matin, M. Bert est parti pour Paris; il n'y était jamais allé.

QUESTIONS.

As-tu beaucoup de livres ?
    Non, monsieur, je n'en ai que deux.
    Non, monsieur, j'en ai peu.

M. Bert vient-il souvent ?
    Oui, monsieur, très-souvent.
    Oui, monsieur, tous les dimanches.

Ecrivez-vous souvent à vos parents ?
    Oui, monsieur, tous les mois.
    Oui, monsieur, tous les trois mois.

M. Luc reçoit-il souvent des nouvelles de Lille ?
    Non, monsieur, rarement.
    Pas souvent, mais quelquefois.

M. Léon vient-il toujours le dimanche ?
    Pas toujours, mais souvent.
Mme Foy vient-elle toujours le jeudi ?
    Pas toujours, mais quelquefois.
Etes-vous toujours sages ?
    Pas toujours, mais quelquefois.
As-tu souvent vu M. le Préfet ?
    Non, monsieur, je ne l'ai vu que deux fois.
    Non, monsieur, je ne l'ai jamais vu.

Pensez-vous quelquefois à moi ?
    Oui, maman, souvent.
    Oui, maman, très-souvent.
    Oui, maman, tous les jours.

M. Clerc vient-il rarement ?
    Non, monsieur, il vient tous les dimanches.

Votre oncle vient-il rarement vous voir ?
    Non, monsieur, il vient quelquefois me voir.

Jules est-il ici depuis longtemps ?
    Non, monsieur, il y est depuis peu de temps.

Carra est-il ici depuis longtemps ?
    Oui, monsieur, depuis huit ans.
Cet élève quittera-t-il bientôt l'Institution ?
    Non, monsieur, il y restera une année encore.

Votre frère viendra-t-il bientôt ?
    Non, monsieur, mais il viendra dans un mois.
    Non, monsieur, il ne viendra qu'aux vacances prochaines.

La petite Agathe sait-elle déjà lire ?
    Non, elle commence seulement.

M. Luc est-il rentré tard hier ?
Oui, monsieur, un peu.

Paul écrit-il bien ?
Oui, monsieur, très-bien.
Il écrit assez bien.
Non, monsieur, il écrit passablement.
Non, monsieur, il écrit mal.
Non, monsieur, il écrit très-mal.

Julie coud-elle assez bien ?
Non, monsieur, elle coud mal.
Non, monsieur, elle coud très-mal.

Victor dessine-t-il mal ?
Non, monsieur, il dessine assez bien.

As-tu encore des noix ?
Oui, monsieur, mais je n'en aurai bientôt plus.

Fillon est-il encore à l'Institution ?
Non, monsieur, il n'y est plus depuis neuf mois.
Non, monsieur, il l'a quittée il y a neuf mois.

Avons-nous encore de la craie ?
Oui, mon professeur, mais pas assez.

Avez-vous encore de l'encre ?
Oui, mon professeur, mais nous n'en aurons bientôt plus.

Avons-nous assez de charbon ?
Non, mon professeur, nous n'en aurons bientôt plus.

Louis a-t-il des poires ?
Non, mon professeur, mais il a des pommes.

En a-t-il beaucoup ?
Je ne sais.

Les parents de Paul lui ont-ils envoyé du chocolat ?
Oui, mon professeur, mais il y a longtemps.

En a-t-il encore ?
Je ne sais.
Je crois que non.

Quand M. Perrin partira-t-il pour Paris ?
Ce soir.

Y est-il déjà allé ?
Oui, monsieur.
Oui, deux fois.

M. Bert est-il parti pour Paris hier matin ?
Oui, monsieur.

Y était-il déjà allé ?
Non, monsieur.

N. 28.   *Où.*

Exercice préparatoire.

M. Foy est à Paris, M. Bert à Lille.

M. Luc a vu M. Bert à Lille et M. Foy à Paris.

Jean va au jardin, Marie à la cuisine.

M. Piaton est de Lyon, Ali de Valence, et moi de Mâcon.

J'ai mis dans votre bibliothèque le livre qui était sur la cheminée.

Le monsieur qui est venu hier est de Russie.

J'ai donné à ma sœur l'image que le P. Charles m'avait donnée; elle me l'avait demandée.

J'ai laissé mon petit chien à la maison.

M. l'Aumônier est chez lui; il va sortir.

M. Léon est chez Mme Forestier; il va ressortir.

Paul a vu un éléphant à Paris.	M. Benjamin est sorti.
Mon petit chien est perdu, mort.	M. Acary va dîner.
Félix est au jardin, il va venir.	M. Luc va voir son frère.
M. Marc vient de voir sa sœur.	M. Piaton vient de déjeuner.
Je crois qu'Ali est au lavoir.	Jean est à la cuisine, il y dîne.

QUESTIONS.

Où est M. Foy?	A Paris.
Et M. Bert? (1)	A Lille.
Où sont Mrs Foy et Bert?	{ M. Foy est à Paris, M. Bert à Lille. { L'un est à Paris, l'autre à Lille.
Paul a-t-il vu un éléphant?	Oui, monsieur.
Où? (2)	A Paris.
M. Luc a-t-il vu Mrs Bert et Foy?	Oui, monsieur.
Où?	L'un à Lille et l'autre à Lyon.
Où va Jean?	Au jardin.
Et Marie?	A la cuisine.

---

(1) Et M. Bert, (où est-il)?   (2) Où (l'a-t-il vu)?

Où vont Jean et Marie ?

Jean va au jardin, Marie à la cuisine.
L'un va au jardin, l'autre à la cuisine.

Jean, où est le livre qui était sur la cheminée ?

Je l'ai mis dans votre bibliothèque.

Jules, où est l'image que le Père Charles t'a donnée ?

Je l'ai donnée à ma sœur, qui me l'avait demandée.

Où est ton petit chien ?

Il est mort.
Il est perdu.
Je l'ai laissé à la maison.

Où est Jean ?

Il est à la cuisine, il y dîne.

Où est Félix ?

Il est au jardin, il va venir.

Où est M. l'Aumônier ?

Il est chez lui, il va sortir.

Où est M. Benjamin ?

Il est sorti.

Où est M. Léon ?

Il est chez Mme Forestier, il va ressortir.

Où va M. Acary ?

Il va dîner.

Et M. Luc ?

Il va voir son frère.

Où est Ali ?

Je crois qu'il est au lavoir.

Où M. le Directeur a-t-il mis la clef de son cabinet ?

Je ne sais.

Où vas-tu ?

Je ne puis vous le dire.
Je ne veux pas te le dire.

D'où est M. Piaton ?

De Lyon.

Et Ali ?

De Valence.

Et vous ?

De Mâcon.

Mon Professeur, d'où est le monsieur qui est venu hier ?

De Russie.

D'où vient M. Piaton ?

Il vient de déjeuner.

Et M. Marc ?

De voir sa sœur.

N. 29. *Quand.*

Exercice préparatoire.

Frédéric quittera bientôt l'Institution.

Victor a fait sa première communion le premier juin dernier.

Charles est très-mal; il est à deux doigts de la mort; il a reçu les derniers sacrements hier soir.

Mon père me donnera un fusil, quand je serai grand.

Le père de Louis lui fera cadeau d'une montre d'or, quand il aura fait sa première communion.

Je crois que M. Berthier viendra à Lyon dans deux mois, aux vacances prochaines.

Je crois sortir demain.

Je crois que Charles est parti hier, il y a huit jours, cette semaine.

Je crois que M. Piaton est ici depuis vingt ans.

Je crois que M. Perrin n'est pas venu depuis quinze jours environ.

J'ai fait voir, il y a longtemps, à M. Forestier les deux superbes livres dont M. le duc d'Orléans m'a fait cadeau.

QUESTIONS.

Quand Frédéric quittera-t-il l'Institution ?
Bientôt.

Victor a-t-il fait sa première communion ?
Oui, monsieur.
Quand ?
Le **1er** juin dernier.

Comment va Charles ?
Très-mal; il est à deux doigts de la mort.
A-t-il reçu les derniers sacrements ?
Oui, monsieur.
Quand ?
Hier soir.

Ton père te donnera-t-il un fusil ?
Oui, monsieur.
Quand ?
Lorsque je serai grand.

Quand le père de Louis lui fera-t-il cadeau d'une montre d'or ?
Quand il aura fait sa première communion.

Quand M. Peyson viendra-t-il à Lyon ?
Je ne sais.
Et M. Berthier ?
Je crois que ce sera dans deux mois.
Je crois que ce sera aux vacances prochaines.

Quand sortiras-tu ?
Je crois que ce sera demain.
Quand Charles est-il parti ?
Je crois que c'était hier.
Je crois que c'était il y a huit jours.
Je crois que c'est cette semaine.
Depuis quand M. Piaton est-il ici ?
﴿Je crois que c'est depuis vingt ans.
﴿Je crois qu'il y est depuis vingt ans.
Depuis quand M. Perrin n'est-il pas venu ?
Je crois que c'est depuis quinze jours environ.

Avez-vous fait voir à M. Forestier les deux superbes livres dont M. le duc d'Orléans vous a fait cadeau ?
Oui, monsieur.
Quand ?
Il y a longtemps.
Je ne me le rappelle plus.

Depuis quand M. Bernard est-il ici ?
Depuis vingt-cinq ans.
Et vous ?
Depuis deux ans et trois mois.

N. 30. *Pourquoi.*

Exercice préparatoire.

M. Luc sortira ce soir pour faire des emplettes.

Hier, nous ne sommes pas allés à la promenade, parce qu'il pleuvait.

Je ne me sers pas de la bourse dont ma sœur m'a fait cadeau, parce qu'elle est trop jolie.

Je ne me servirai des bretelles dont ma sœur m'a fait présent, que lorsque j'irai en soirée.

QUESTIONS.

M. Luc sortira-t-il ce soir ?   Oui, monsieur.
Pourquoi ?   Pour faire des emplettes.

Pouvons-nous voir Dieu ?   Non, monsieur.
Pourquoi ?'   Parce qu'il est un pur esprit.

Etes-vous allés hier à la promenade ?   Non, monsieur.
Pourquoi ?   { Parce qu'il pleuvait.
    { A cause de la pluie.

Pourquoi ne te sers-tu pas de la bourse dont ta sœur t'a fait cadeau ?   Parce qu'elle est trop jolie.

Pourquoi ne te sers-tu pas des bretelles dont ta sœur t'a fait présent ?   Je ne m'en servirai que lorsque j'irai en soirée.

Pourquoi pleures-tu ?   Je ne veux pas vous le dire.
    Je ne puis vous le dire.

Pourquoi cet enfant est-il triste ?   Je crois que c'est parce que sa mère est malade.

N. 31. *Combien.*

Exercice préparatoire.

Paul a vingt livres, Roch dix.

Jules a acheté quarante pommes et cinquante poires.

Noël doit 30 fr. à M. Luc, 10 fr. à Paul et 25 fr. à Jean.

MM. Forestier et Luc ont passé à Paris, l'un vingt ans, l'autre sept ans.

Paul et Félix ont été malades, l'un pendant quinze jours, l'autre pendant deux mois.

Je ne dois rien à Jules, mais je dois 5 francs à Jean.

Cet habit et ce gilet m'ont coûté, l'un 110 francs, l'autre 40 fr.

Nous sommes 85 élèves.   Il y a 119 lieues d'ici à Paris.

Nous sommes 8 dans notre classe.   Nous sommes 4 sur ce pupitre.

Je crois que Louis a été en prison pendant cinq mois.

Je crois que Fillon a fait cette table en six jours.

QUESTIONS.

Combien Paul a-t-il de livres ?	Vingt.
Et Roch ? (1)	Dix.
Combien Paul et Roch ont-ils de livres ?	L'un en a vingt, l'autre dix.
Combien Jules a-t-il acheté de pommes ?	Quarante.
Et de poires ? (2)	Cinquante.
Combien cet habit vous a-t-il coûté ?	110 francs.
Et ce gilet ?	40 fr.
Combien Noël doit-il à M. Luc ?	30 fr.
Et à Paul ?	10 fr.
Et à Jean ?	25 fr.

(1) Et Roch, (combien en a-t-il)?

(2) Et de poires, (combien en a-t-il acheté)?

Combien Noël doit-il à M. Luc, à Paul et à Jean ?
30 francs à M. Luc, 10 fr. à Paul et 25 fr. à Jean.
Combien dois-tu à Jules et à Jean ?
Je ne dois rien à Jules, mais je dois 5 fr. à Jean.
Combien de temps M. Luc a-t-il passé à Paris ?
Sept ans.
Et M. Forestier ?
Vingt ans.
⎰ *Depuis combien de temps M. Luc est-il ici ?*
⎱ Depuis douze ans.
⎰ *Combien y a-t-il de temps que M. Luc est ici ?*
⎱ Il y a douze ans.
Pendant combien de temps Paul a-t-il été malade ?
Pendant quinze jours.
Et Félix ?
Pendant deux mois.
Pendant combien de temps Paul et Félix ont-ils été malades ?
L'un pendant quinze jours, l'autre pendant deux mois.
Pendant combien de temps Louis a-t-il été en prison ?
Je crois que c'est pendant cinq mois.
En combien de temps Fillon a-t-il fait cette table ?
Je crois que c'est en six jours.
⎰ *Combien de temps serez-vous à Lyon ?*
⎱ Trois jours.
⎰ *Pour combien de temps êtes-vous à Lyon ?*
⎱ Pour trois jours.
Combien êtes-vous d'élèves ?
Quatre-vingt-cinq.
Combien êtes-vous d'élèves dans votre classe ?
Huit.
Combien êtes-vous d'élèves sur ce pupitre ?
Quatre.
Combien y a-t-il de lieues d'ici à Paris ?
Cent dix-neuf.
Combien as-tu d'argent ?
Je crois avoir 3 francs.
⎰ Je n'ai pas le sou.
⎱ Je n'ai pas un sou.

Je ne veux pas te le dire.
Je ne puis te le dire.
C'est indiscret.

N. 32. *Comment.*

Je trouve ce jardin bien tenu.   Clet a été mis à genoux en classe.
M. Luc a privé Ali de récréation.   M. Acary a un cigare à la bouche.

M. Allibert m'a envoyé, hier, un paquet de livres par la diligence.
J'ai perdu mon canif en courant au jardin.
Je trouve cette maison belle, mais un peu trop haute.
Le père de Victor est à Lyon, puisque je l'ai rencontré ce matin.
} J'ai appris le départ de M. le Préfet par le *Salut Public.*
} J'ai lu dans le *Salut Public* que M. le Préfet était parti pour Paris.
M. Forestier est rentré, puisque je vois de la lumière dans sa chambre.
J'ai souvent rencontré M. Belmont chez mon oncle.
Je crois que Jean a trouvé cette médaille en balayant le dortoir.
J'ai vu ce matin le père Charles, il se porte bien.

QUESTIONS.

M. Luc :   M. Allibert m'a envoyé hier un paquet de livres.
M. Marc :   *Comment vous l'a-t-il envoyé ?*
M. Luc :   Par la diligence.

Félix :   Victor, prête-moi ton canif.
Victor :   Je l'ai perdu.
Félix :   *Comment ?*
Victor :   En courant au jardin.

Ali :   *Comment se porte le père Charles ?*
Paul :   Je l'ai vu ce matin ; il se porte bien.

M. Luc :   Le père de Victor est à Lyon.
M. Marc :   *Comment le savez-vous ?*
M. Luc :   } Parce que je l'ai rencontré ce matin.
                    } Je l'ai rencontré ce matin.

M. Luc :	M. Forestier est rentré.
M. Marc :	*Comment le savez-vous ?*
M. Luc :	Je vois de la lumière dans sa chambre.

M. Luc :	M. le Préfet est parti pour Paris.
M. Marc :	*Comment le savez-vous ?*
M. Luc :	⎰ J'ai appris son départ par le *Salut Public*. ⎱ Je l'ai lu dans le *Salut Public*.

Connaissez-vous M. Belmont ?	Oui, monsieur.
Comment ?	Parce que je l'ai souvent rencontré chez mon oncle.
Comment s'appelle cet objet que M. Acary a à la bouche ?	Un cigare.
Comment appelle-t-on celui qui fait et vend des souliers ?	Un cordonnier.
Et celui qui fait des meubles ?	Un menuisier.
Comment appelle-t-on l'instrument avec lequel on taille des plumes?	Un canif.
Et celui dont on se sert pour faire sa barbe ?	Un rasoir.
Et celui qui sert à saigner ?	Une lancette.
Comment trouvez-vous ce jardin ?	Je le trouve bien tenu.
Et cette maison ?	Belle, mais un peu trop haute.
Comment M. Luc a-t-il puni Ali ?	Il l'a privé de récréation.
Comment Clet a-t-il été puni ?	Il a été mis à genoux en classe.
Comment Jean a-t-il trouvé cette médaille ?	Je crois que c'est en balayant le dortoir.
Comment est la maison de M. Foy ?	Je n'en sais rien, parce que je ne l'ai jamais vue. Je ne puis vous le dire, parce que je ne l'ai jamais vue. On la dit grande et belle.
Comment fait-on le papier ?	⎰ Je ne sais. ⎱ Je n'en sais rien.

N. 33.   *Quel.*

Exercice préparatoire.

Les élèves de la 2e division lisent *Simon de Nantua.*

Félix désire un vocabulaire de la langue française, et Victor un dictionnaire de géographie.

Cet élève désire une rose et une pensée, cet autre un œillet.

M. Marc lit le *Salut Public.*

Demain dimanche, M. le Directeur récompensera les élèves qui auront bien étudié cette semaine.

M. le Directeur a marqué les portes dont les serrures sont vieilles.

Mon oncle m'a fait cadeau d'une montre d'or.

M. Marc et moi, nous sommes allés à Châlon, lui par le bateau à vapeur l'*Hirondelle n° 5*, et moi par le bateau à vapeur le *Parisien n° 2.*

Félix et Victor sont allés à Paris, l'un par les messageries impériales, l'autre par les messageries générales.

Mon père est ouvrier en soie, mon frère apprenti cordonnier.

M. le Préfet reçoit les mardi et samedi, de midi à deux heures.

Le professeur de dessin vient me donner leçon les lundi, mercredi et vendredi.

QUESTIONS.

Quel est ton nom ?	Bouly.
Et ton prénom ? (1)	Eugène.
Quel est le nom de M. le Directeur ?	M. Forestier.
Et celui de ton professeur ?	M. Benjamin.
Et son prénom ?	Lucien.
Et celui de M. le Directeur ?	Claudius.
Quel âge a M. le Directeur ?	42 ans.
Et M. Hyacinthe ?	33 ans.

(1) (Quel est) ton prénom ?

Quel est ce monsieur ?	C'est le frère de M. le Directeur.
Et cet autre ?	C'est notre médecin.
Quel temps faisait-il hier ?	Il pleuvait.
Et avant-hier ? (1)	Le temps était beau.
Quelle est la capitale de la France ?	Paris.
Et celle du Mexique ?	Mexico.
Quel est le chef-lieu du Nord ?	Lille.
Et celui de Seine-et-Oise ?	Versailles.
Quel est le pays de M. Peyson ?	Montpellier.
Et celui du père Charles ?	Gênes.
Quel est l'état de votre père ?	Ouvrier en soie.
Et celui de votre frère ?	Apprenti cordonnier.
Quels livres lisez-vous ?	Le *Petit Paroissien.*
Et les élèves de la 2e division ?	*Simon de Nantua.*
Quel livre Félix désire-t-il ?	Un vocabulaire de la langue française.
Et Victor ?	Un dictionnaire de géographie.
Quelles fleurs cet élève désire-t-il ?	Une rose et une pensée.
Et cet autre ?	Un œillet.
Quel journal M. Marc lit-il ?	Le *Salut Public.*
Et M. Forestier ?	La *Gazette de Lyon.*
Quels sont les élèves de la 1re classe ?	Boyer et Félix.
Et ceux de la 2e division ?	Ali, Roch et Paul.
Quels élèves M. le Directeur récompensera-t-il demain dimanche ?	Ceux qui auront bien étudié cette semaine.
Quelles portes M. le Directeur a-t-il marquées ?	Celles dont les serrures sont vieilles.
Quel cadeau votre oncle vous a-t-il fait ?	Il m'a fait cadeau d'une montre d'or.
Quels jours le professeur de dessin vient-il vous donner leçon ?	Les lundi, mercredi et vendredi.

---

(1) (Quel temps faisait-il) avant-hier ?

A quelle heure se lèvent les petits élèves ?
A 6 heures.

Et les grands ?
A 5 heures.

A quelle heure se lèvent les petits et les grands élèves ?
Les uns à 6 heures, les autres à 5 heures.

Depuis quelle heure et jusqu'à quelle heure fais-je la classe du matin ?
Depuis 10 heures jusqu'à midi.

Et celle du soir ?
Depuis 2 heures jusqu'à 4 heures.

Quels jours et à quelle heure M. le Préfet reçoit-il ?
Les mardi et samedi, de midi à deux heures.

A quel âge es-tu entré ici ?
A 11 ans.

Et Louis ?
A 12 ans.

De quelle forme est l'œuf ?
Ovale.

Et le soleil ?
Rond.

Quelle est la forme de l'œuf ?
Ovale.

Et celle du soleil ?
Ronde.

De quelle couleur est le sang ?
Rouge.

Et la neige ?
Blanche.

De quelle année êtes-vous ?
De 3e.

Et Victor ?
De 6e.

De quel pays est M. Forestier ?
D'Aïx-les-Bains.

Et vous ?
De Lyon.

Dans quel dortoir M. Acary couche-t-il ?
Dans le grand dortoir.

Et M. Marc ?
Dans le petit dortoir.

Dans quel dortoir Mrs Acary et Marc couchent-ils ?
L'un dans le grand, l'autre dans le petit.

Par quel bateau à vapeur êtes vous allé à Châlon ?
Par le *Parisien* n° 2.

Et M. Marc ?
Par l'*Hirondelle* n° 5.

Par quelle voiture Félix est-il allé à Paris ?
Par les messageries impériales.

Et Victor ?
Par les messageries générales.

N. 34. *Quel* (suite).

Exercice préparatoire.

L'adresse de notre médecin est M. Perrin, rue de Bourbon, n° 30.

L'adresse du père de cet élève est Carra, aubergiste à Mâcon.

Celle du mien est Boyer, cultivateur à Alix, canton d'Anse, (Rhône).

Le numéro de la maison de M. Bert est 23.

Ma marque est numéro 10, celle de Carra, L. C.

Mon numéro est 10.

Cet élève est borgne de l'œil droit.

Ce monsieur est sourd de l'oreille gauche.

Ce soldat est estropié du bras droit.

M. Acary porte une plume sur l'oreille droite.

Félix tient une ardoise de la main gauche.

{ Les appointements de cet employé sont de 600 francs.

{ Le traitement de cet employé est de 600 francs.

Les gages de ce domestique sont de 200 francs.

Le prix de ce livre est de 3 francs.

Le prix de ce petit bureau est de 50 francs, celui du secrétaire est de 80 francs.

QUESTIONS.

Quelle est l'adresse de votre médecin ?	M. Perrin, rue de Bourbon, 30.
Et celle du père de cet élève ?	Carra, aubergiste à Mâcon.
Et celle du vôtre ?	Boyer, cultivateur à Alix, canton d'Anse (Rhône).
Quel est le numéro de votre Institution ?	1er.
Et celui de la maison de M. Bert ?	23.
Dans quelle rue demeure M. Perrin ?	Rue de Bourbon.
{ Quel est le numéro de sa maison ?	30.
{ Quel est son numéro ?	30.

Quelle est ta marque ?	N° 10.
Et celle de Carra ?	L. C.
Quel est ton numéro?	10.
Et celui de Cicéron ?	7.

}Quels sont les appointements de cet employé ?
{Quel est le traitement de cet employé ?
600 francs.

Quels sont les gages de ce domestique ?
200 fr.

Quel est le prix de ce livre ?
3 fr.

Quel est le prix de ce petit bureau ?
50 fr.

Et celui du secrétaire ?
80 fr.

De quel œil cet élève est-il borgne ?
De l'œil droit.

De quelle oreille ce monsieur est-il sourd ?
De l'oreille gauche.

De quel bras ce soldat est-il estropié ?
Du bras droit.

De quelle main nous servons-nous pour écrire ?
De la main droite.

De quelle main Félix tient-il une ardoise ?
De la main gauche.

Sur quelle oreille M. Acary porte-t-il une plume ?
Sur l'oreille droite.

A quelle époque êtes-vous né ?
Le 5 juillet 1820.

A quelle époque êtes-vous entré ici ?
Le 15 novembre 1848.

A quelle époque Victor sortira-t-il d'ici?
Le 18 août prochain.

A quelle époque aura lieu votre distribution de prix ?
Le 22 août prochain.

N. 35.   *Qui, que, quoi.*

Exercice préparatoire.

Ce livre appartient à Paul ou à Charles.
Je crois que ce livre appartient à Victor.
Ce matin, j'ai écrit à ma mère.
Louis a causé toute la matinée avec Jules.
Je crois qu'hier la chienne a mordu Jean.
J'ai dit à Jean de m'apporter de l'eau sucrée.
J'ai dit à Victor que M. Forestier sortirait ce soir.
Victor regarde dans le jardin.
Je crois que ces messieurs parlent du nouveau Préfet.
Ce prêtre a prêché hier, à l'église de St-Pierre, sur la charité.

QUESTIONS.

Qui employé comme sujet.

Qui éclaire la terre pendant le jour ?	Le soleil.
Et pendant la nuit ? (1)	La lune.
Qui a écrit ceci ?	Je ne sais.

Qui employé comme régime direct.

Qui la chienne a-t-elle mordu hier ?
Je crois que c'est Jean.

Qui employé comme régime indirect.

Le maître d'étude :	Louis a causé toute la matinée.
Le professeur :	*Avec qui ?*
Le maître d'étude :	Avec Jules.

---

(1) Et (qui éclaire la terre) pendant la nuit ?

L'élève :	J'ai écrit une lettre ce matin.
Le professeur :	*A qui ?*
L'élève :	A ma mère.

A qui appartient ce livre ? — A Paul ou à Charles.
Je crois que c'est à Victor.

Pour qui M. le Directeur vous a-t-il
remis hier une lettre ? — Je ne puis vous le dire.

Que employé comme régime direct.

Que fait le cordonnier ? — Des souliers.
Et la blanchisseuse ? (1) — Elle blanchit du linge.
Que fais-tu actuellement ? — Je réponds à vos questions.
Et Victor ? — Il regarde dans le jardin.
Que prenez-vous à déjeuner ? — De la soupe au pain.
Et les maîtres ? — Comme nous, mais de plus ils ont
du fromage ou des fruits.

Qu'as-tu dit à Jean ? — Je lui ai dit de m'apporter de l'eau
sucrée.

Et à Victor ? — Je lui ai dit que M. Forestier sortirait ce soir.

Quoi employé comme régime direct.

A. Louis dessine.   A. Félix lit.   A. Julie mange.
B. *Quoi ?*   B. *Quoi ?*   B. *Quoi ?*
A. Une tête.   A. Une lettre.   A. Une orange.

Quoi employé comme régime indirect.

A quoi sert le canif ? — A tailler des plumes.
Et la plume ? (2) — A écrire.
De quoi parlent ces messieurs ? — Je crois que c'est du nouveau Pré-
fet.

A. Ce prêtre a prêché hier à l'église de St-Pierre.
B. *Sur quoi ?* — A. Sur la charité.

---

(1) Et la blanchisseuse, (que fait-elle) ?
(2) Et la plume, (à quoi sert-elle) ?

N. 36.   *Qu'est-ce que,*

Qu'est-ce que le soleil ?
C'est un bel astre qui éclaire la terre pendant le jour.
C'est l'astre du jour.

Qu'est-ce que la lune ?
C'est un astre qui éclaire la terre pendant la nuit.
C'est l'astre de la nuit.

Qu'est-ce que le canif ?
C'est un instrument dont on se sert pour tailler les plumes.
C'est un instrument qui sert à tailler les plumes.

Qu'est-ce que le cerisier ?
C'est un arbre qui porte des cerises.
C'est un arbre qui produit des cerises.

Qu'est-ce que la vigne ?
C'est un arbrisseau qui porte du raisin.
C'est un arbrisseau qui produit du raisin.

Qu'est-ce que la poule ?
C'est un oiseau domestique qui nous donne des œufs.

Qu'est-ce que le chien ?
C'est un animal domestique qui aboie, qui est docile et fidèle à son maître, qui garde sa maison.

Qu'est-ce que la France ?
C'est une contrée de l'Europe dont la capitale est Paris.
C'est une contrée de l'Europe dont Paris est la capitale.

Qu'est-ce que la Sibérie ?
C'est une grande contrée d'Asie qui est au nord et qui appartient à la Russie.

Qu'est-ce que le boulanger ?
C'est un homme qui fait et vend du pain.
C'est celui qui fait et vend du pain.

Qu'est-ce que la blanchisseuse ?
C'est une femme qui blanchit du linge.
C'est celle qui blanchit le linge.

6

N. 37. *Lequel, laquelle, lesquels, lesquelles.*

Lequel employé comme sujet.

Quel élève a taché ce livre?

Lequel de vos élèves a taché ce livre ?	Félix.
Lequel de ces élèves a taché ce livre ?	} Celui-là. Félix.

Laquelle de vos élèves est sortie ?	Louise.
Laquelle de ces élèves est sortie ?	} Celle-ci. Louise.

Lesquels de vos élèves sont sortis hier ?	Paul et Emile.
Lesquels de ces élèves sont sortis hier ?	Celui-ci et celui-là. Ceux-ci. Paul et Emile.

Lesquelles de vos élèves sont sorties hier ?	Julie et Zoé.
Lesquelles de ces élèves sont sorties hier ?	Celle-là et celle-ci. Celles-là. Julie et Zoé.

Quel chat vous a égratigné?

Lequel de ces chats vous a égratigné ?	Celui-là.
Laquelle de ces chattes vous a égratigné ?	Celle-ci.

Quel arbre porte des cerises?

Lequel de ces arbres porte des cerises ?	Celui-là.
Lesquels de ces arbres portent des cerises ?	Celui-ci et celui-là. Ceux-là et ceux-ci.

Lequel de ces oiseaux est un aigle ?	} Celui-ci. Le voici.

Lequel de ces deux élèves sortira demain ?	} Celui-ci. Louis.

Laquelle de ces trois petites filles a taché ce livre ?	} Celle-là. Fanny.

Lequel employé comme régime direct.

Quel élève M. Acary a-t-il puni ce matin ?
Lequel de vos élèves M. Acary a-t-il puni ce matin ?
Paul.
Lequel de ces élèves M. Acary a-t-il puni ce matin ?
Celui-ci.   Paul.

*Laquelle de vos élèves M*ᵐᵉ *Bret a-t-elle embrassée ?*
Jeanne.
*Laquelle de ces élèves M*ᵐᵉ *Bret a-t-elle embrassée ?*
Celle-là.   Jeanne.

Lesquels de vos élèves M. le Directeur a-t-il récompensés hier ?
Louis et Jules.
Lesquels de ces élèves M. le Directeur a-t-il récompensés hier ?
Celui-ci et celui-là.   Louis et Jules.

*Lesquelles de vos élèves M*ᵐᵉ *Bret a-t-elle embrassées ?*
Jeanne, Louise et Zoé.
*Lesquelles de ces élèves M*ᵐᵉ *Bret a-t-elle embrassées ?*
Celles-là et celle-ci.   Jeanne, Louise et Zoé.

Lequel de ces fruits préférez-vous ?   ⎰ Celui-ci.
                                                        ⎱ La pêche.

Lesquels de ces livres avez-vous lus ?   Celui-ci et celui-là.
⎰ Laquelle de ces images voulez-vous ?   Celle-là. — Celle-ci.
⎱ Laquelle de ces images désirez-vous ?

Lequel de ces deux enfants préférez-vous ?   ⎰ Celui-ci.
                                                              ⎱ Jules.

Lequel de ces deux livres voulez-vous ?   Celui-là.

Lequel employé comme régime indirect.

A quel élève M. Bret a-t-il donné un joli livre ?
Auquel de vos élèves M. Bret a-t-il donné un joli livre ?
A Louis.
Auquel de ces élèves M. Bret a-t-il donné un joli livre ?
A celui-ci.   A Louis.
Auxquels de ces élèves cette dame a-t-elle donné des bonbons ?
A ceux-là et à celui-ci.   A celui-là et à ceux-ci.   A Ali, à Jules et à Félix.
Auxquels de vos élèves cette dame a-t-elle donné des bonbons ?
A Ali, à Jules et à Félix.

A laquelle de ces élèves M. le Curé a-t-il donné un joli chapelet ?
A celle-là.   A Fanny.
A laquelle de vos élèves M. le Curé a-t-il donné un joli chapelet ?
A Fanny.
Auxquelles de ces élèves Mme Bret a-t-elle donné des dragées ?
A celle-ci et à celles-là.   A Zoé, à Julie et à Jenny.
Auxquelles de vos élèves Mme Bret a-t-elle donné des dragées ?
A Zoé, à Julie et à Jenny.

Duquel de ces enfants m'avez-vous parlé ce matin ?
De celui-ci.
De laquelle de ces dames m'avez-vous parlé hier ?
De celle-là.   De celle qui a un chapeau blanc.
Avec lequel de ces enfants Paul s'est-il battu ?
Avec celui-ci.   Avec celui qui a les cheveux blonds.
Dans laquelle de ces maisons êtes-vous entré hier soir ?
Dans celle-là.   Dans celle dont les fenêtres sont vertes.
Entre lesquels de ces élèves êtes-vous assis à table ?
Entre celui-ci et celui-là.   Entre Jules et Louis.
Auquel de vos amis pensez-vous souvent ?
A M. Becle.

N. 38. *Lequel* employé Absolument.

Lequel employé comme sujet.

Qui a taché ce livre ?	Un élève.
Lequel ?	Paul.
Qui a pris un morceau de viande à la cuisine ?	Une chatte.
Laquelle ?	}Celle de Denise. }Minette.
Qui a dîné hier chez M. le Directeur ?	Trois élèves.
Lesquels ?	Ali, Jules et Paul.
Qui est entré ce matin chez Mme la Directrice ?	Deux dames.
Lesquelles ?	Mme Bret et Mme Ravet.

Lequel employé comme régime direct.

Qu'as-tu dessiné sur ton ardoise ?	Un oiseau.
Lequel ?	Un paon.
Qu'as-tu cueilli ce matin au jardin ?	Une fleur.
Laquelle ?	Un œillet.
Qu'a acheté Denise au marché ce matin ?	Des légumes.
Lesquels ?	Des navets et des choux.
Que plante Boyer au jardin ?	Des fleurs.
Lesquelles ?	Des dahlias.

Lequel employé comme régime indirect.

A qui as-tu prêté ton couteau ?	A un petit élève.
Auquel ?	A Léon.
A qui as-tu écrit aujourd'hui ?	A une de mes sœurs.
A laquelle ?	A Marie.
Avec qui M. Luc est-il sorti hier ?	Avec deux de ses élèves.
Avec lesquels ?	Avec Jules et Louis.

Avec qui Mme la Directrice a-t-elle causé hier au jardin ?	Avec deux dames.
Avec lesquelles ?	Avec Mme Bret et Mme Ravet.
Pour qui Mme Forestier brode-t-elle un joli col ?	Pour une de ses amies.
Pour laquelle ?	Je n'en sais rien.

M. *Luc :*   Un ancien élève de l'école des Sourds-Muets de Paris vient voir M. Forestier.

M. *Marc :*   *Lequel ?*

M. *Luc :*   M. Maupin.

M. *Piaton :*   Je viens de voir une dame sortir de chez Mme Forestier.

M. *Acary :*   *Laquelle ?*

M. *Piaton :*   Je ne sais.

M. *Marc :*   Deux élèves de M. Luc sortiront les vacances prochaines.

M. *Piaton :*   *Lesquels ?*

M. *Marc :*   Paulin et Arthur.

Mlle *Rose :*   M. l'Aumônier a donné de jolies images à deux de mes élèves.

Mlle *Lucie :*   *Auxquelles ?*

Mlle *Rose :*   A Jenny et à Fanny.

M. *Marc :*   M. Forestier écrit une lettre.

M. *Luc :*   Pour qui ?

M. *Marc :*   Pour un de ses amis.

M. *Luc :*   *Pour lequel ?*

M. *Marc :*   Pour M. Berthier.

M. Bret vous a prêté des livres ; *lesquels* avez-vous lus ?

Voilà plusieurs livres ; *lequel* voulez-vous ?

Voilà des images ; *laquelle* voulez-vous ?

Voilà des fruits ; *lequel* préférez-vous ?

Voilà des fleurs ; *laquelle* préférez-vous ?

N. 39. *Qui est-ce qui.* *Qu'est-ce qui.*
Qui est-ce que. *Qu'est-ce que.*

QUI EST-CE QUI.

Victor a cassé ce carreau.
Louise est entrée ce matin à la chapelle.

1.

	1 2 3
Dictée du Professeur :	*Qui* a cassé ce carreau ?
Puis il écrit :	*Qui est-ce qui* a cassé ce carreau ?

Dictée du Professeur : Celui qui a cassé ce carreau est Victor.
Puis il écrit : Celui qui a cassé ce carreau est *qui ?*

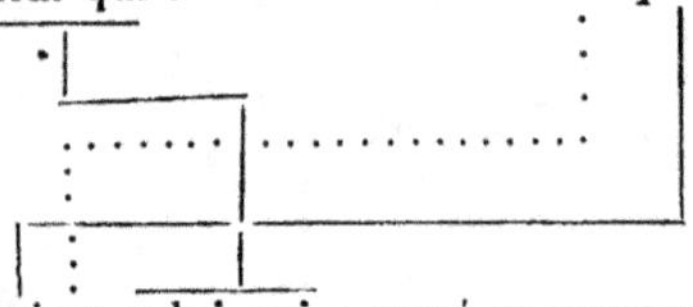

Qui est celui qui a cassé ce carreau ?

Qui est - ce   qui a cassé ce carreau ?

2.

Dictée du Professeur :   *Qui* a fait le ciel et la terre ?
  Qui est-ce qui a fait le ciel et la terre ?

Puis le Professeur dit à l'Elève d'analyser cette dernière forme d'interrogation.

3.

Dictée du Professeur :   ) *Qui* est entré ce matin à la chapelle ?
   (*Qui est-ce qui* est entré ce matin à la chapelle ?

Puis le Professeur dit aussi à l'Elève d'analyser cette dernière forme
d'interrogation : Voici la manière dont il faut l'analyser.

Celle qui est entrée ce matin à la chapelle est Louise.
Celle qui est entrée ce matin à la chapelle est *qui ?*

Qui est celle qui est entrée ce matin à la chapelle ?

Qui est - ce qui est entré ce matin à la chapelle ?

Qui est-ce qui a cassé ce carreau ?   (C'est Victor.
   (Victor.

REMARQUE.

Les pronoms *qui est-ce qui* et *qui est-ce que* ne peuvent se dire que des
personnes ; les pronoms *qu'est-ce qui* et *qu'est-ce que* ne se rapportent
qu'aux choses et aux animaux.

N. 40. *Qui est-ce que.*

J'ai salué M. Perrin.
M. Luc a puni Fuz.
Mme Duplat a embrassé Louise.

1.

Dictée du Professeur :	3 1 2 *Qui* avez-vous salué ?
Plus tard il écrit :	3 1 2 *Qui est-ce que* vous avez salué ?
Dictée du Professeur :	Celui que vous avez salué est M. Perrin.
Puis le Professeur ou *l'Elève écrit :*	Celui que vous avez salué est *qui* ?

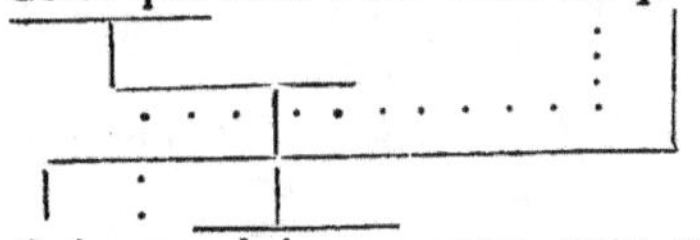

Qui est celui que vous avez salué ?

Qui est - ce que vous avez salué ?

2.

Dictée du Professeur :   *Qui* M. Luc a-t-il puni ?
Qui est-ce que M. Luc a puni?

Puis le Professeur dit à l'Elève d'analyser cette dernière forme d'interrogation.

3.

Dictée du Professeur :   *Qui* Mme Duplat a-t-elle embrassé ?
Qui est-ce que Mme Duplat a embrassé ?

Puis le Professeur dit aussi à l'Elève d'analyser cette dernière forme d'interrogation.

Qui est-ce que vous avez salué ?   C'est M. Perrin.   M. Perrin.

N. 41.   *Qu'est-ce qui.*

Le soleil mûrit les fruits.
Ce singe fait rire ces enfants.
La maladie de ma mère m'afflige.

1.

Dictée du Professeur :	1 2 3 *Qui* mûrit les fruits ?
Plus tard il écrit :	1 2 3 *Qu'est-ce qui* mûrit les fruits ?
Dictée du Professeur :	La chose qui mûrit les fruits est le soleil. Ce qui mûrit les fruits est le soleil.
Puis le Professeur écrit :	Ce qui mûrit les fruits est quoi ?

Quoi est-ce qui mûrit les fruits ?

Qu' est-ce qui mûrit les fruits ?

2.

Dictée du Professeur :	*Qui* fait rire ces enfants ? *Qu'est-ce qui* fait rire ces enfants ?

Puis le Professeur dit à l'Elève d'analyser cette dernière forme d'interrogation.

3.

Dictée du Professeur :	*Qui* vous afflige ? *Qu'est-ce qui* vous afflige ?

Puis le Professeur dit à l'Elève d'analyser encore une fois cette dernière forme d'interrogation.

Qu'est-ce qui mûrit les fruits ?
C'est le soleil.   Le soleil.

N. 42.   *Qu'est-ce que.*

Roth a perdu sa clef.
J'ai acheté, hier, un beau chien.
Le chat a pris un gros morceau de fromage à la cuisine.

1.

Dictée du Professeur :
$$\begin{array}{ccc} 3 & 2 & 1 \end{array}$$
Qu'a perdu Roth ?

Plus tard il écrit :
$$\begin{array}{ccc} 3 & 1 & 2 \end{array}$$
Qu'est-ce que Roth a perdu ?

Dictée du Professeur :
La chose que Roth a perdue est sa clef.
Ce que Roth a perdu est sa clef.

Puis le Professeur ou l'Élève écrit :
Ce que Roth a perdu est quoi ?

Quoi est-ce que Roth a perdu ?

Qu' est - ce que Roth a perdu ?

2.

Dictée du Professeur :
Qu'avez-vous acheté hier ?
Qu'est-ce que vous avez acheté hier ?

Puis le Professeur dit à l'Élève d'analyser cette dernière forme d'interrogation.

3.

Dictée du Professeur :
Qu'a pris le chat à la cuisine ?
Qu'est-ce que le chat a pris à la cuisine ?

Puis le Professeur dit à l'Élève d'analyser encore une fois cette dernière forme d'interrogation.

Qu'est-ce que Roth a perdu ?
C'est sa clef.   Sa clef.

N. 43. Formes diverses de l'interrogation pour exprimer l'ignorance ou le doute.

Fuz a cueilli ce matin des roses au jardin pour la fête de sa mère.

INTERROGATION D'IGNORANCE.	INTERROGATION DE DOUTE.
	Fuz a-t-il cueilli des roses ? *Est-ce que Fuz a cueilli des roses ?* Oui, mon Professeur.
Qui a cueilli des roses ? *Qui est-ce qui a cueilli des roses ?* Fuz.	*Est-ce Fuz qui a cueilli des roses ?* Oui, mon Professeur. Oui, c'est lui.
Qu'a cueilli Fuz ? *Qu'est-ce que Fuz a cueilli ?* Des roses.	*Sont-ce des roses que Fuz a cueillies ?* Oui, mon Professeur.
Quand a-t-il cueilli des roses ? Ce matin.	*Est-ce ce matin qu'il a cueilli des roses ?* Oui, mon Professeur.
Où a-t-il cueilli des roses ? Au jardin.	*Est-ce au jardin qu'il a cueilli des roses ?* Oui, mon Professeur.
Pourquoi a-t-il cueilli des roses ? Pour la fête de sa mère.	*Est-ce pour la fête de sa mère qu'il a cueilli des roses ?* Oui, mon Professeur.

Est-ce Félix et Paul qui ont cassé cette vitre ?
Est-ce Louis et Jules que M. Acary a punis ce matin ?

N. 44. Suite des formes de l'interrogation.

Interrogation pour demander confirmation.

{ *Fuz n'a-t-il pas cueilli des roses ?*
{ *N'est-il pas vrai que Fuz a cueilli des roses ?*
Oui, mon Professeur.

Ne sont-ce pas des roses qu'il a cueillies ?
Oui, mon Professeur.

N'est-ce pas ce matin qu'il les a cueillies ?
Oui, mon Professeur.

N'est-ce pas au jardin qu'il les a cueillies ?
Oui, mon Professeur.

N'est-ce pas pour la fête de sa mère ?
Oui, mon Professeur.

Autre forme d'interrogation.

Fuz a donc cueilli des roses ?
Oui, mon Professeur.

C'est donc ce matin qu'il a cueilli des roses ?
Oui, mon Professeur.

Ce sont donc des roses qu'il a cueillies ?
Oui, mon Professeur.

C'est donc au jardin qu'il les a cueillies ?
Oui, mon Professeur.

C'est donc pour la fête de sa mère ?
Oui, mon Professeur.

N. 45. *Qui* suivi des pronoms personnels.

Employé comme sujet.

Qui de vous a cassé cette vitre ?   Louis.
Qui de vous est le premier ?   Moi.
Qui de nous copiera cette leçon ?   Toi.
            Vous.

Jean et Claude sont là ; qui d'eux portera cette lettre à la poste ? Jean.
Denise et Marie sont là ; qui d'elles portera cette lettre à la poste ? Marie.

Employé comme régime direct.

Qui de vous M. Acary a-t-il puni ce matin ?   Moi.
Qui de nous appelez-vous ?   Louis.

Jean et Claude sont au jardin ; qui d'eux demandez-vous ? Claude.
Marie et Denise sont là ; qui d'elles demandez-vous ?   Denise.

Employé comme régime indirect.

A qui de vous M. Foy a-t-il donné un livre ?   A Jules.
A qui de nous donnerez-vous cette image ?   A Félix.

Jean et Claude sont là ; à qui d'eux voulez-vous remettre cette
   lettre ?
            A Jean.
Marie et Denise sont là ; à qui d'elles voulez-vous remettre
   cette lettre ?
            A Marie.

N. 46.   *Qui* employé avec la conjonction *Ou.*

I.

Employé comme sujet.

Qui balayera la classe ce soir, ou Jean ou Claude?   Jean.
Qui a taché ce livre, ou Louis ou Félix?   Louis.
Qui portera cette lettre à la poste, ou Marie ou Denise?   Denise.

Employé comme régime direct.

Qui M. Luc a-t-il puni hier, ou Jules ou Paul?   Jules.
Qui Mlle Rose a-t-elle grondé, ou Zoé ou Lucie?   Zoé.

Employé comme régime indirect.

A qui M. Foy a-t-il donné un livre, ou à Clet ou à Jules?   A Jules.
De qui cet enfant s'est-il moqué, ou de Zoé ou de Luce?   De Luce.
Avec qui as-tu causé hier, ou avec Fuz ou avec Ali?   Avec Fuz.

II.

Qui de vous a taché ce livre, ou Félix ou vous?   Félix.
Qui de nous copiera cette leçon sur le tableau, ou Fuz ou moi?   Vous.

Qui de nous appelez-vous, ou Louis ou moi.   Louis.
Qui de vous M. Luc a-t-il puni hier, ou Paul ou vous?   Moi.

A qui de nous donnerez-vous cette image, ou à Louis ou à moi?
A vous.
Pour qui de nous est cette tunique neuve, ou pour Louis ou pour moi?
Pour vous.
Avec qui de vous Félix s'est-il battu ce matin, ou avec Paul ou avec vous?
Avec Paul.

N. 47. *Quel* employé avec le superlatif.

I.

{Quel est le plus studieux des élèves ?
{Quel est l'élève le plus studieux ?
{Quel élève est le plus studieux ?   Paul.

{Quelle est la plus belle des fleurs ?
{Quelle est la plus belle fleur ?
{Quelle fleur est la plus belle ?   La rose.

{Quels sont les meilleurs fruits ?
{Quels fruits sont les meilleurs ?   La pêche et le raisin.

{Quelle est la plus précieuse des pierres ?
{Quelle est la pierre la plus précieuse ?
{Quelle pierre est la plus précieuse ?   Le diamant.

II.

Employé comme sujet.

1

Quel élève a le plus de billes ?   Denis.
{Quel élève a eu, cette année, le plus de prix ?   Henri.
{Quel élève a remporté, cette année, le plus de prix ?
Quel élève a été puni le plus souvent ?   Roth.
Quel élève a été puni le moins souvent ?   Henri.
Quel maître sort le plus souvent ?   M. Acary.
Quel élève écrit le mieux ?   Victor.
Quelle élève coud le mieux ?   Louise.

Employé comme régime direct.

3

Quel fruit aimez-vous le mieux ?
La pêche.
Quelle fleur aimez-vous le mieux ?
La violette.

Quel élève aimez-vous le mieux ?
Joseph.

Quel élève les maîtres punissent-ils le plus souvent ?
Dominique.

Quel élève les maîtres punissent-ils le moins souvent ?
Eugène.

Quelle élève Mme Forestier aime-t-elle le mieux ?
Adèle.

Quels fruits aimez-vous le mieux ?
La pêche et l'orange.

Quelles fleurs aimez-vous le mieux ?
La rose et la violette.

Quels élèves les maîtres ont-ils punis le plus souvent ?
Roch et Arthur.

Employé comme régime indirect.

4 — 5

A quel élève Mme Bret a-t-elle donné le plus de bonbons ?
A Joseph.

A quelle élève Mme Bret donne-t-elle le plus souvent des bonbons ?
A Adèle.

De quel élève êtes-vous le plus content ?
De Joseph.

De quelle élève Mme Forestier est-elle la plus contente ?
D'Adèle.

Avec quel autre maître M. Luc sort-il le plus souvent ?
Avec M. Marc.

Avec quelle servante Mme Forestier sort-elle le plus souvent ?
Avec Marie.

N. 48. *Lequel* employé avec le superlatif.

Employé comme sujet.

1

Lequel de vos élèves est le plus studieux ?   Louis.
Lequel de ces élèves est le plus studieux ?   Celui-là. — Paul.

Laquelle de vos élèves est la plus studieuse ?   Louise.
Laquelle de ces élèves est la plus studieuse ?   Celle-ci. — Luce.

Lesquels de vos élèves ont été punis le plus souvent ?
Lesquels de ces élèves ont été punis le plus souvent ?

Lesquelles de vos élèves cousent le mieux ?
Lesquelles de ces élèves cousent le mieux ?

Lequel de ces fruits est le meilleur ?
Lequel de ces livres vous a fait le plus de plaisir ?

Lequel de vos frères vous aime le plus ?
Laquelle de vos sœurs vous aime le plus ?

Lequel de ces tableaux vous paraît le plus beau ?
Laquelle de ces robes vous paraît la plus jolie ?

Lequel de ces deux élèves est le plus fort ?
Laquelle de ces deux demoiselles chante le mieux ?

Employé comme régime direct.

3

Lequel de vos élèves avez-vous puni le plus souvent ?
Laquelle de vos élèves avez-vous punie le plus souvent ?

Lesquels de vos élèves avez-vous punis le plus souvent ?
Lesquelles de vos élèves avez-vous punies le plus souvent ?

Lequel de ces fruits aimez-vous le mieux ?
Laquelle de ces fleurs trouvez-vous la plus belle ?

Lesquels de ces fruits aimez-vous le mieux ?
Lesquelles de ces images trouvez-vous les plus jolies ?

Lequel de vos frères aimez-vous le plus ?
Laquelle de vos sœurs aimez-vous le plus ?

Lequel de ces deux fruits aimez-vous le mieux ?
Laquelle de ces deux robes trouvez-vous la plus jolie ?

Employé comme régime indirect.

4—5

Auquel de ces élèves Mme Bret a-t-elle donné le plus de bonbons ?
Auxquels de ces élèves Mme Bret a-t-elle donné le plus de bonbons ?

A laquelle de ces élèves Mme Bret a-t-elle donné le plus souvent des bonbons ?
Auxquelles de ces élèves Mme Bret a-t-elle donné le plus souvent des bonbons ?

Auquel de vos frères pensez-vous le plus souvent ?
A laquelle de vos sœurs pensez-vous le plus souvent ?

Monsieur, duquel de vos élèves êtes-vous le plus content ?
Monsieur, desquels de vos élèves êtes-vous le plus content ?

Madame, de laquelle de vos élèves êtes-vous la plus contente ?
Madame, desquelles de vos élèves êtes-vous la plus contente ?

Auquel de ces deux enfants Mme Bret a-t-elle donné le plus de bonbons ?
Madame, de laquelle de ces deux élèves êtes-vous la plus contente ?
Dans laquelle de ces deux maisons allez-vous le plus souvent ?

N. **49**. Suite de la leçon précédente.

Lequel employé comme sujet.

Avez-vous des frères ?	Oui, Monsieur.
Lequel vous aime *le plus*? (1)	Gaspard.
Avez-vous des sœurs ?	Oui, Monsieur.
Laquelle vous écrit *le plus* souvent?	Pauline.
Avez-vous lu les livres que je vous avais prêtés?	Oui.
Lequel vous a fait *le plus* de plaisir?	Simon de Nantua.
Sont-ce vos élèves?	Oui.
Lesquels sont *les plus* forts?	{Celui-ci et celui-là. Paul et Ali.

Employé comme régime direct.

Avez-vous des frères?	Oui.
Lequel aimez-vous *le plus*?	Eugène.
Avez-vous des sœurs?	Oui.
Laquelle aimez-vous *le plus*?	Fanny.
Sont-ce vos livres?	Oui.
Lequel lisez-vous *le plus* souvent ?	Celui-ci.

Employé comme régime indirect.

Avez-vous des frères ?	Oui.
Auquel écrivez-vous *le plus* souvent?	A Eugène.
Avez-vous des sœurs ?	Oui.
A laquelle pensez-vous *le plus* souvent?	A Fanny.
Sont-ce vos élèves ?	Oui.
Duquel êtes-vous *le plus* content?	De Paul.
Desquels êtes-vous *le plus* content?	De Paul et d'Ali.
Mademoiselle , sont-ce vos élèves?	Oui.
De laquelle êtes-vous *la plus* contente?	De Fanny.

---

(1) Lequel (de vos frères) vous aime le plus ?

N. 50. *Qui* suivi des pronoms personnels et employé avec le Superlatif.

Employé comme sujet.

Qui de vous est le plus fort ?
Qui de vous a été le plus souvent le premier ?

Qui de nous écrit le mieux ?
Qui de nous deux écrit le mieux ?
Qui de nous trois écrit le mieux ?

Qui de vous a le plus de billets de satisfaction ?
Qui de vous sort le plus souvent ?
Qui de vous a été puni le plus souvent ?
Qui de vous a été puni le moins souvent ?

Employé comme régime direct.

Qui de nous aimez-vous le plus ?
Qui de vous votre professeur a-t-il puni le plus souvent ?
Qui de vous votre professeur a-t-il puni le moins souvent ?

Employé comme régime indirect.

A qui de vous Mme Bret a-t-elle donné le plus de bonbons ?
A qui de vous M. le Curé a-t-il donné le plus souvent des images ?
De qui de nous êtes-vous le plus content ?

N. 51. *Qui* et *lequel* employés avec le superlatif et la conjonction *Ou*.

Employés comme sujet.

1

{Qui est le plus âgé, ou Jean ou Claude? (1)   Jean.
{Lequel est le plus âgé, ou Jean ou Claude?

{Qui a le plus de billes, ou Paul ou Félix?
{Lequel a le plus de billes, ou Paul ou Félix?   Félix.

{Qui est le plus habile cordonnier, ou M. Bret ou M. Vidal?
{Lequel est le plus habile cordonnier, ou M. Bret ou M. Vidal?

{Qui est le meilleur cordonnier, ou M. Vidal ou M. Benoit?
{Lequel est le meilleur cordonnier, ou M. Vidal ou M. Benoit?

{Qui écrit le mieux, ou Joseph ou Lucien?
{Lequel écrit le mieux, ou Joseph ou Lucien?

{Qui vous paraît le plus intelligent, ou Louis ou Félix?
{Lequel vous paraît le plus intelligent, ou Louis ou Félix?

{Qui vient le plus souvent, ou M. Morin ou M. Berger?
{Lequel vient le plus souvent, ou M. Morin ou M. Berger?

{Qui a écrit le plus souvent à M. Luc, ou M. Bert ou M. Becle?
{Lequel a écrit le plus souvent à M. Luc, ou M. Bert ou M. Becle?

Laquelle est la plus âgée, ou Luce ou Zoé?   Zoé.
Laquelle est la meilleure cuisinière, ou Denise ou sa sœur?
Laquelle est la plus habile couturière, ou Louise ou Marie?
Laquelle coud le mieux, ou Louise ou Marie?
Laquelle vous donne le plus souvent des dragées, ou Mme Bret
    ou Mme Foy?

Lequel est le plus beau, ou l'âne ou le cheval?   Le cheval.
Lequel est le plus grand, ou l'éléphant ou la girafe?
Laquelle est la plus utile à l'homme, ou la vache ou la chèvre?
Lequel est le meilleur, ou le raisin ou la pêche?
Laquelle est la meilleure, ou la pêche ou l'orange?
Laquelle vous paraît la plus jolie, ou cette robe-ci ou celle-là?

---

(1) Voyez les Synonymies, *page* 108.

Employés comme régime direct.

3

{ Qui aimez-vous le plus, ou Paul ou Félix ? Félix.
{ Lequel aimez-vous le plus, ou Paul ou Félix ?

{ Qui M. Forestier aime-t-il le mieux, ou Louis ou Félix ?
{ Lequel M. Forestier aime-t-il le mieux, ou Louis ou Félix ?

{ Qui M. Acary a-t-il puni le plus souvent, ou Jean ou Roch ?
{ Lequel M. Acary a-t-il puni le plus souvent, ou Jean ou Roch ?

Laquelle Mme Forestier aime-t-elle le mieux, ou Luce ou Louise ?

Laquelle Mme Forestier voit-elle le plus souvent, ou Mme Laure ou Mme Fox ?

Lequel aimez-vous le mieux, ou le raisin ou la pêche ?

Laquelle aimez-vous le mieux, ou la pêche ou l'orange ?

Employés comme régime indirect.

4--5

{ A qui penses-tu le plus souvent, ou à M. Bret ou à M. Foy ?
{ Auquel penses-tu le plus souvent, ou à M. Bret ou à
{   M. Foy ? A M. Bret.

{ De qui êtes-vous le plus content, ou de Clet ou d'Ali ?
{ Duquel êtes-vous le plus content, ou de Clet ou d'Ali ? D'Ali.

{ Contre qui êtes-vous le plus fâché, ou contre Jean ou contre
{   Claude ?
{ Contre lequel êtes-vous le plus fâché, ou contre Jean ou
{   contre Claude ? Contre Jean.

A laquelle Mme Bret a-t-elle donné le plus de bonbons, ou à Louise ou à
   Zoé ?

Madame, de laquelle êtes-vous la plus contente, ou de Luce ou de Zoé ?

Monsieur, contre laquelle êtes-vous le plus fâché, ou contre Denise ou
   contre Marie ?

A laquelle cet enfant a-t-il jeté le plus de pierres, ou à la chatte de Denise
   ou à la nôtre ?

A laquelle cet élève jette-t-il le plus souvent des pierres, ou à la chatte de
   Denise ou à la nôtre ?

N. 52. Synonymies.

Lequel.

1.

{ Lequel de vos élèves a taché ce livre ?
{ Quel est celui de vos élèves qui a taché ce livre ?
{ Lequel de ces élèves a taché ce livre ?
{ Quel est celui de ces élèves qui a taché ce livre ?

{ Lesquels de vos élèves sont sortis jeudi dernier ?
{ Quels sont ceux de vos élèves qui sont sortis jeudi dernier ?
{ Lesquels de ces élèves sont sortis jeudi dernier ?
{ Quels sont ceux de ces élèves qui sont sortis jeudi dernier ?

{ Laquelle de vos élèves a eu le premier prix de sagesse ?
{ Quelle est celle de vos élèves qui a eu le premier prix de sagesse ?
{ Laquelle de ces élèves a eu le premier prix de sagesse ?
{ Quelle est celle de ces élèves qui a eu le premier prix de sagesse ?

{ Lesquelles de vos élèves ont dîné chez Mme Forestier ?
{ Quelles sont celles de vos élèves qui ont dîné chez Mme Forestier ?
{ Lesquelles de ces élèves ont dîné chez Mme Forestier ?
{ Quelles sont celles de ces élèves qui ont dîné chez Mme Forestier ?

2.

{ Lequel de vos élèves M. Acary a-t-il puni ?
{ Quel est celui de vos élèves que M. Acary a puni ?
{ Lequel de ces élèves M. Acary a-t-il puni ?
{ Quel est celui de ces élèves que M. Acary a puni ?

{ Laquelle de vos élèves Mme Bret a-t-elle embrassée ?
{ Quelle est celle de vos élèves que Mme Bret a embrassée ?
{ Laquelle de ces élèves Mme Bret a-t-elle embrassée ?
{ Quelle est celle de ces élèves que Mme Bret a embrassée ?

| Lesquels de vos élèves M. Luc a-t-il punis hier ?
| Quels sont ceux de vos élèves que M. Luc a punis hier ?
| Lesquels de ces élèves M. Luc a-t-il punis hier ?
| Quels sont ceux de ces élèves que M. Luc a punis hier ?

| Lesquelles de vos élèves Mme Bret a-t-elle embrassées ?
| Quelles sont celles de vos élèves que Mme Bret a embrassées ?
| Lesquelles de ces élèves Mme Bret a-t-elle embrassées ?
| Quelles sont celles de ces élèves que Mme Bret a embrassées ?

| Lequel de ces portraits M. Peyson a-t-il fait ?
| Quel est celui de ces portraits que M. Peyson a fait ?
| Laquelle de ces images voulez-vous ?
| Quelle est celle de ces images que vous voulez ?

3.

| Auquel de vos élèves M. le Curé a-t-il donné une image ?
| Quel est celui de vos élèves à qui M. le Curé a donné une image ?
| Auquel de ces élèves M. le Curé a-t-il donné une image ?
| Quel est celui de ces élèves à qui M. le Curé a donné une image ?

| A laquelle de vos élèves M. le Curé a-t-il donné une image ?
| Quelle est celle de vos élèves à qui M. le Curé a donné une image ?
| A laquelle de ces élèves M. le Curé a-t-il donné une image ?
| Quelle est celle de ces élèves à qui M. le Curé a donné une image ?

| Auxquels de vos élèves Mme Bret a-t-elle donné des bonbons ?
| Quels sont ceux de vos élèves à qui Mme Bret a donné des bonbons ?
| Auxquels de ces élèves Mme Bret a-t-elle donné des bonbons ?
| Quels sont ceux de ces élèves à qui Mme Bret a donné des bonbons ?

| Auxquelles de vos élèves Mme Bret a-t-elle donné des dragées ?
| Quelles sont celles de vos élèves à qui Mme Bret a donné des dragées ?
| Auxquelles de ces élèves Mme Bret a-t-elle donné des dragées ?
| Quelles sont celles de ces élèves à qui Mme Bret a donné des dragées ?

N. 53. Synonymies (suite).

Quel et *Lequel* employés avec le superlatif.

I.

1.

1
{ Quel élève a eu, cette année, le plus de prix ?
{ Quel est l'élève qui a eu, cette année, le plus de prix ?

{ Quelle élève coud le mieux ?
{ Quelle est l'élève qui coud le mieux ?

{ Quels maîtres sortent le plus souvent ?
{ Quels sont les maîtres qui sortent le plus souvent ?

2.

3
{ Quel élève aimez-vous le mieux ?
{ Quel est l'élève que vous aimez le mieux ?

{ Quelle élève la sous-maîtresse punit-elle le plus souvent ?
{ Quelle est l'élève que la sous-maîtresse punit le plus souvent ?

{ Quels fruits vous donne-t-on le plus souvent ?
{ Quels sont les fruits qu'on vous donne le plus souvent ?

3.

4—5
{ A quel élève Mme Bret a-t-elle donné le plus de bonbons ?
{ Quel est l'élève à qui Mme Bret a donné le plus de bonbons ?

{ De quelle élève Mme Forestier est-elle la plus contente ?
{ Quelle est l'élève dont Mme Forestier est la plus contente ?

{ Avec quels élèves cet enfant se bat-il le plus souvent ?
{ Quels sont les élèves avec qui cet enfant se bat le plus souvent ?

II.

1.

{ Lequel de ces élèves est le plus studieux ?
{ Quel est celui de ces élèves qui est le plus studieux ?

{ Lequel de vos élèves est le plus studieux?
{ Quel est celui de vos élèves qui est le plus studieux ?

{ Laquelle de ces élèves coud le mieux ?
{ Quelle est celle de ces élèves qui coud le mieux?

{ Laquelle de vos élèves coud le mieux ?
{ Quelle est celle de vos élèves qui coud le mieux ?

{ Lequel de ces tableaux vous paraît le plus beau ?
{ Quel est celui de ces tableaux qui vous paraît le plus beau ?

{ Lesquels de ces élèves écrivent le mieux ?
{ Quels sont ceux de ces élèves qui écrivent le mieux ?

{ Lesquels de vos élèves écrivent le mieux ?
{ Quels sont ceux de vos élèves qui écrivent le mieux?

2.

{ Lequel de ces fruits aimez-vous le mieux ?
{ Quel est celui de ces fruits que vous aimez le mieux ?

{ Lesquelles de ces élèves avez-vous punies le plus souvent ?
{ Quelles sont celles de ces élèves que vous avez punies le plus souvent?

{ Lesquelles de vos élèves avez-vous punies le plus souvent ?
{ Quelles sont celles de vos élèves que vous avez punies le plus souvent ?

3.

{ Auquel de vos élèves Mme Bret a-t-elle donné le plus de bonbons?
{ Quel est celui de vos élèves à qui Mme Bret a donné le plus de bonbons ?

{ Desquelles de ces élèves êtes-vous la plus contente ?
{ Quelles sont celles de ces élèves dont vous êtes la plus contente ?

III.

{ Lequel de ces fruits aimez-vous le mieux ?
{ De ces fruits, lequel aimez-vous le mieux ?

{ Laquelle de ces deux robes vous paraît la plus jolie ?
{ De ces deux robes, laquelle vous paraît la plus jolie ?

{ Lequel de ces deux livres vous a fait le plus de plaisir ?
{ De ces deux livres, lequel vous a fait le plus de plaisir ?

N. 54. Synonymies (suite).

Qui et *Lequel* employés avec le superlatif et la conjonction *Ou*.

1.

1
Qui est le plus âgé, Jean ou Claude? (1)
Qui est le plus âgé, ou Jean ou Claude?
Qui est le plus âgé, de Jean ou de Claude?
Lequel est le plus âgé, Jean ou Claude?
Lequel est le plus âgé, ou Jean ou Claude?
Lequel est le plus âgé, de Jean ou de Claude?
Lequel des deux est le plus âgé, Jean ou Claude?
Lequel des deux est le plus âgé, ou Jean ou Claude?
Lequel des deux est le plus âge, de Jean ou de Claude?

Laquelle coud le mieux, Louise ou Marie?
Laquelle coud le mieux, ou Louise ou Marie?
Laquelle coud le mieux, de Louise ou de Marie?
Laquelle des deux coud le mieux, Louise ou Marie?
Laquelle des deux coud le mieux, ou Louise ou Marie?
Laquelle des deux coud le mieux, de Louise ou de Marie?

Lequel est le plus courageux, le lion ou le tigre?
Lequel est le plus courageux, ou le lion ou le tigre?
Lequel est le plus courageux, du lion ou du tigre?
Lequel des deux est le plus courageux, le lion ou le tigre?
Lequel des deux est le plus courageux, ou le lion ou le tigre?
Lequel des deux est le plus courageux, du lion ou du tigre?

---

(1) Voici l'avis de Noël sur ce sujet : La grammaire, dit-il, ne veut pas que deux substantifs ou deux pronoms unis par OU, et employés comme sujets ou comme régimes directs, soient précédés de la préposition DE, ni conséquemment qu'on dise : *Lequel est le plus éloquent de Bossuet ou de Massillon? Lequel préférez-vous de Corneille ou de Racine?* En effet, en rétablissant les mots sous-entendus, on reconnaît que Bossuet et Massillon sont employés comme sujets, et Corneille et Racine comme régimes directs : *Lequel est le plus éloquent? Bossuet est-il plus éloquent, ou Massillon est-il plus éloquent?—Lequel préférez-vous? Préférez-vous Corneille, ou préférez-vous Racine?* Or, ni le sujet ni le

3
Qui aimez-vous le mieux, Louis ou Félix?
Qui aimez-vous le mieux, ou Louis ou Félix?
Qui aimez-vous le mieux, de Louis ou de Félix?

Lequel aimez-vous le mieux, Louis ou Félix?
Lequel aimez-vous le mieux, ou Louis ou Félix?
Lequel aimez-vous le mieux, de Louis ou de Félix?

Lequel des deux aimez-vous le mieux, Louis ou Félix?
Lequel des deux aimez-vous le mieux, ou Louis ou Félix?
Lequel des deux aimez-vous le mieux, de Louis ou de Félix?

Laquelle Mme Forestier voit-elle le plus souvent, Mme Perret ou Mme Bret?

Laquelle Mme Forestier voit-elle le plus souvent, ou Mme Perret ou Mme Bret?

Laquelle Mme Forestier voit-elle le plus souvent, de Mme Perret ou de Mme Bret?

Laquelle des deux Mme Forestier voit-elle le plus souvent, Mme Perret ou Mme Bret?

Laquelle des deux Mme Forestier voit-elle le plus souvent, ou Mme Perret ou Mme Bret?

Laquelle des deux Mme Forestier voit-elle le plus souvent, de Mme Perret ou de Mme Bret?

---

régime direct ne pouvant être précédé d'une préposition, il est évident qu'il faut dire: *Lequel est le plus éloquent, Bossuet ou Massillon? Lequel préférez-vous, Corneille ou Racine?*

L'auteur de la Grammaire des grammaires et Laveaux sont de la même opinion que Noël, et ils ajoutent que c'est ainsi que parlent les Latins, les Anglais, les Italiens, et tous les peuples qui ont une langue raisonnée.

M. Poitevin est d'avis que DE s'emploie dans les phrases où l'on établit une comparaison et se répète avant chaque terme: *Qui étaient les plus fous, de nous ou des Egyptiens?* On peut remplacer DE par la conjonction OU, qu'on répète avant le premier et le second terme de la comparaison: *On ne savait ce qu'il fallait le plus admirer dans l'auteur, ou son génie ou son âme.*

M. Bescherelle, de son côté, dit dans sa *Grammaire nationale* que l'usage sur ce point est encore partagé et permet de dire également: *Lequel des deux fut le plus intrépide, de César ou d'Alexandre,* ou bien *lequel des deux fut le plus intrépide, César ou Alexandre?*

4—5

A qui M. Forestier écrit-il le plus souvent, à M. Peyson ou à M. Becle ?
A qui M. Forestier écrit-il le plus souvent, ou à M. Peyson ou à M. Becle ?

Auquel M. Forestier écrit-il le plus souvent, à M. Peyson ou à M. Becle ?
Auquel M. Forestier écrit-il le plus souvent, ou à M. Peyson ou à M. Becle ?

Auquel des deux M. Forestier écrit-il le plus souvent, à M. Peyson ou à M. Becle ?
Auquel des deux M. Forestier écrit-il le plus souvent, ou à M. Peyson ou à M. Becle ?

De laquelle êtes-vous la plus contente, de Louise ou de Marie ?
De laquelle êtes-vous la plus contente, ou de Louise ou de Marie ?

De laquelle des deux êtes-vous la plus contente, de Louise ou de Marie ?
De laquelle des deux êtes-vous la plus contente, ou de Louise ou de Marie ?

II.

Laquelle est la plus belle, ou la pêche ou l'orange ?
Quel fruit est le plus beau, ou la pêche ou l'orange ?

Lequel aimez-vous le mieux, ou la pêche ou le raisin ?
Quel fruit aimez-vous le mieux, ou la pêche ou le raisin ?

Laquelle est la plus belle, ou l'Eglise de St-Just ou celle de St-Jean ?
Quelle église est la plus belle, ou celle de St-Just ou celle de St-Jean ?
Des églises de St-Just ou de St-Jean, laquelle est la plus belle ?

Lequel est le meilleur, ou le vin de Bordeaux ou celui de Mâcon ?
Quel vin est le meilleur, ou celui de Bordeaux ou celui de Mâcon ?
Du vin de Bordeaux ou de celui de Mâcon, lequel est le meilleur ?

TROISIÈME CAHIER.

PETIT QUESTIONNAIRE.

N. 55. *Demander, dire, savoir, ignorer, voir,*

employés avec les pronoms interrogatifs.

DEMANDER.

Si.

M. Gazan est-il encore à Paris ?
Je *demanderai* à M. Luc *si* M. Gazan est encore à Paris.
M. Peyson a-t-il voyagé en Suisse ?
Je *demanderai* à M. Luc *si* M. Peyson a voyagé en Suisse.
Mme Forestier se porte-t-elle bien ?
Je *demanderai* à M. Luc *si* Mme Forestier se porte bien.
Je *demanderai* à Mme Forestier *si* elle se porte bien.
M. le Directeur aime-t-il la chasse ?
Je *demanderai* à M. le Directeur *s'il* aime la chasse.
Avez-vous bien étudié ce matin ?
Je *demanderai* à M. Acary *si* vous avez bien étudié ce matin.
M. Hyacinthe sortira-t-il ce soir ?
Demandez à M. Hyacinthe *s'il* sortira ce soir.

Qui.

Qui a cassé cette vitre ?
Je *demanderai* à M. Acary *qui* a cassé cette vitre.
Qui M. Hyacinthe a-t-il puni hier ?
Je *demanderai* à M. Acary *qui* M. Hyacinthe a puni hier.
Je *demanderai* à M. Hyacinthe *qui* il a puni hier.
Avec qui Bruno est-il sorti hier ?
Je *demanderai* au portier *avec qui* Bruno est sorti hier.
Je *demanderai* à Bruno *avec qui* il est sorti hier.
Chez qui M. Bernard a-t-il dîné jeudi dernier ?
Demandez à M. Bernard *chez qui* il a dîné jeudi dernier.

Ce que, ce qui.

Qu'a acheté M. Hyacinthe hier ?
Qu'est-ce que M. Hyacinthe a acheté hier ?
Je *demanderai* à M. Piaton *ce que* M. Hyacinthe a acheté hier.
Je *demanderai* à M. Hyacinthe *ce qu'il* a acheté hier.
Qu'as-tu donné à Victor ?
Je *demanderai* à M. Acary *ce que* tu as donné à Victor.
Que fait M. Peyson ?
Je *demanderai* à M. Forestier *ce que* fait M. Peyson.
Qu'a fait M. Acary hier ?
Demandez à M. Acary *ce qu'il* a fait hier.
Que désire cet enfant ?
Je *demanderai* à Denise *ce que* désire cet enfant.
Demandez à cet enfant *ce qu'il* désire.

Qui chagrine cet enfant ?
Qu'est-ce qui chagrine cet enfant ?
Je *demanderai* à M. Acary *ce qui* chagrine cet enfant.
Je *demanderai* à cet enfant *ce qui* le chagrine.

Quoi, ce dont.

Avec quoi fait-on le papier ?
Je *demanderai* à M. Luc *avec quoi* on fait le papier.
A quoi pense Louis ?
Je *demanderai* à Louis *à quoi* il pense.
De quoi parlent ces messieurs ?
Demandez à Mme Forestier *de quoi* parlent ces messieurs.

De quoi cet enfant a-t-il besoin ?
Je *demanderai* à Denise *ce dont* cet enfant a besoin.
Je *demanderai* à cet enfant *ce dont* il a besoin.

Comment.

Comment fait-on le verre ?
Je *demanderai* à M. le Directeur *comment* on fait le verre.

Comment écrivez-vous ?

Je *demanderai* à M. Acary *comment* vous écrivez.

Comment se porte M. Peyson ?

Je *demanderai* à M. Forestier *comment* se porte M. Peyson.

Comment est la ville de Gênes ?

Je *demanderai* au père Charles *comment* est la ville de Gênes.

Comment s'appelle cette fleur ?

Je *demanderai* au pharmacien *comment* s'appelle cette fleur.

Demandez au pharmacien *comment* s'appelle cette fleur.

Où.

Où est Jean ?

Je *demanderai* à Claude *où* est Jean.

D'où vient Victor ?

Je *demanderai* à M. Acary *d'où* vient Victor.

Je *demanderai* à Victor *d'où* il vient.

Où Napoléon Ier est-il né ?

Je *demanderai* à M. Forestier *où* Napoléon Ier est né.

Où Jean a-t-il trouvé une bague d'or ?

Je *demanderai* à Claude *où* Jean a trouvé une bague d'or.

Demandez à Jean *où* il a trouvé une bague d'or.

Quand.

Quand ferez-vous votre première communion ?

Je *demanderai* à M. le Directeur *quand* vous ferez votre 1re communion.

Depuis quand M. Piaton est-il à l'Institution ?

Demandez à M. Acary *depuis quand* M. Piaton est à l'Institution.

Demandez à M. Piaton *depuis quand* il est à l'Institution.

Où, quand et comment Napoléon Ier est-il mort ?

Demandez à M. Luc *où*, *quand* et *comment* Napoléon Ier est mort.

Pourquoi.

Pourquoi M. Perrin n'est-il pas venu hier ?

Je *demanderai* à M. Luc *pourquoi* M. Perrin n'est pas venu hier.

Pourquoi cet élève pleure-t-il ?

Demandez à M. Acary *pourquoi* cet élève pleure.

Demandez à cet élève *pourquoi* il pleure.

8.

Combien.

Combien Louis a-t-il de frères et de sœurs ?
Je *demanderai* à Louis *combien* il a de frères et de sœurs.
En combien de temps le tailleur fait-il une tunique ?
Demandez au tailleur *en combien de temps* il fait une tunique.
Combien y a-t-il de temps que Paul est à l'Institution ?
Demandez à Paul *combien il y a de temps qu'*il est à l'Institution.

Quel.

Quelle heure est-il ?
Je *demanderai* à M. Acary *quelle* heure il est.
Quel âge as-tu ?
} *Demande* à ton père *quel* âge tu as.
} Demande à ton père ton âge.
Quelles fleurs Louis a-t-il cueillies ce matin ?
Je *demanderai* au jardinier *quelles* fleurs Louis a cueillies ce matin.
A quelle heure le médecin dîne-t-il ?
Je *demanderai* à M. Luc *à quelle* heure le médecin dîne.
A quel âge et comment es-tu devenu sourd-muet ?
Demande à ton père *à quel* âge et *comment* tu es devenu sourd-muet.
Quel âge a M. Peyson ?
Je *demanderai* à M. Luc *quel* âge a M. Peyson.
Quels livres a M. Piaton ?
Demandez à M. Hyacinthe *quels* livres a M. Piaton.
Demandez à M. Piaton *quels* livres il a.
Quel est le plus studieux des élèves ?
Demandez à M. Luc *quel* est le plus studieux des élèves.

Ce que c'est que.

Qu'est-ce que Dieu ?
Je *demanderai* à cet élève *ce que c'est que* Dieu.

N. 56. Suite de la leçon précédente.

DIRE.

M. Berthier viendra-t-il à Lyon cette année?
Je vous prie de me *dire si* M. Berthier viendra à Lyon cette année.
Dites-moi, je vous prie, *si* M. Baptiste a voyagé en Suisse.

Dites-moi *qui* a cassé cette vitre.
Je vous prie de me *dire chez qui* M. Bernard a dîné jeudi dernier.

Dis-moi *ce que* tu as fait ce matin.
Dites-moi *ce que* désire cet enfant.
Dites-moi *ce que* vous désirez.
Dites-moi *ce qui* chagrine cet enfant.
Dites-moi *ce dont* cet enfant a besoin.
Dites-moi *avec quoi* on fait le vin.

Dites-moi, je vous prie, *comment* vous vous portez.

Dites-moi *où* est Jean.
Dites-moi *d'où* vous venez.

Dites-moi *quand* vous ferez votre première communion.

Dites-moi *pourquoi* vous pleurez.

Dites-moi *combien* vous avez d'argent.

{ *Dites*-moi *quel* âge vous avez.
{ *Dites*-moi votre âge.
Je vous prie de me *dire quelle* heure il est.
Je vous prie de me *dire quel* âge a M. Peyson.

Dites-moi *ce que c'est que* Dieu.

SAVOIR.

Je sais QUE M. Peyson viendra à Lyon l'été prochain.
M. Luc ne *sait* pas QUE M. Peyson viendra à Lyon l'été prochain.

~~Je ne sais pas que M. Peyson viendra à Lyon l'été prochain.~~
Je ne *sais* SI M. Peyson viendra à Lyon l'été prochain.

M. Luc désire *savoir si* M. Peyson viendra à Lyon l'été prochain.
M. le Directeur ne *sait si* M. le Préfet est arrivé à Lyon.

Je *sais qui* a cassé cette vitre.
Je ne *sais qui* a cassé cette vitre.
Je *sais qui* M. le Directeur récompensera dimanche prochain.
Je ne *sais chez qui* M. Bernard a dîné dimanche dernier.

Je désire *savoir avec quoi* on fait le papier.
Je ne *sais à quoi* pense Arthur.
Je désire *savoir ce que* fait M. Peyson.
Je ne *sais ce que* M. Hyacinthe a acheté hier.
Je *sais ce qui* chagrine cet enfant.
Je ne *sais ce dont* cet enfant a besoin.

Je désire *savoir comment* on fait le verre.
Je ne *sais comment* s'appelle cette fleur.

Je désire *savoir où* Jean a trouvé une bague d'or.
Je ne *sais d'où* vient ce sourd-muet.

Je *sais pourquoi* cet enfant pleure.

Je désire *savoir combien* vous avez de frères et de sœurs.

Je désire *savoir quelle* heure il est.
Je *sais quels* livres M. Hyacinthe a achetés hier.
Je ne *sais à quelle* heure le médecin dîne.
Je désire *savoir quel* âge a M. Peyson.

Eugène *sait ce que c'est que* Dieu.

IGNORER.

Jules ignore QUE M. Peyson viendra à Lyon l'été prochain.
Jules ne *sait* pas QUE M. Peyson viendra à Lyon l'été prochain.

Je n'*ignore* pas QUE M. Peyson viendra à Lyon l'été prochain.
Je sais QUE M. Peyson viendra à Lyon l'été prochain.

~~J'ignore que M. Peyson vienne à Lyon l'été prochain.~~
J'ignore SI M. Peyson viendra à Lyon l'été prochain.
Je ne *sais* SI M. Peyson viendra à Lyon l'été prochain.

M. Forestier *ignore si* M. Gazan est encore à Paris.
J'ignore si j'aurai un prix cette année.

J'ignore qui a cassé ce verre.
Nous n'*ignorons* pas *qui* a créé le ciel et la terre.
Ces enfants *ignorent qui* a créé le ciel et la terre.
J'ignore quand cet élève quittera l'Institution.
Nous n'*ignorons* pas *comment* on fait le pain.
Nous *ignorons comment* on fait le papier.
Ces enfants *ignorent ce que c'est que* Dieu.

VOIR.

Va *voir si* M. le Directeur est chez lui.
Va *voir si* François a bien fait mon lit.
Va *voir si* le père Charles est rentré.
Je *verrai si* vous savez bien cette leçon.
Va *voir qui* sonne.
Va *voir* à la pendule *quelle* heure il est.
Je vais *voir* à l'horloge de l'église *quelle* heure il est.
J'ai *vu comment* on fait le vin, mais je n'ai jamais *vu comment* on fait
des miroirs.

N. 57.   Suite du N. 55.

Demander, dire, apprendre, savoir, ignorer,
employés au Passé.

DEMANDER.

J'ai demandé à M. Luc *si* M. Gazan *était* encore à Paris.
si M. Gazan *aimait* la chasse.
si M. Gazan *avait* un chien de chasse.
si M. Peyson *avait voyagé* en Suisse.
s'il s'était promené ce matin.
si M. et Mme Duplat *se portaient* bien.
si M. Berthier *viendrait* à Lyon cette année.

J'ai demandé à M. Acary *qui avait* cassé cette vitre.
qui M. Hyacinthe *avait* puni hier.
avec qui Bruno *était sorti* hier.
avec qui M. Piaton *sortirait* demain.

J'ai demandé à M. Hyacinthe *ce qu'il avait fait* hier.
ce qu'il ferait ce soir.
ce qui chagrinait cet enfant.
ce que désirait cet enfant.

J'ai demandé à cet enfant *ce dont il avait* besoin.
ce que faisait son père.
à quoi il pensait.

J'ai demandé à M. Luc *comment* Louis *s'était cassé* le pied.
comment cet enfant *était devenu* sourd-muet.

J'ai demandé à M. Forestier *comment se portaient* ses parents.
comment il *trouvait* Paris.
comment on *fait* le verre.
J'ai demandé aux parents de cet élève *comment* il *se conduisait* chez eux pendant les vacances.

J'ai demandé à Claude *où était* Denise.

J'ai *demandé* à Claude *d'où* Jean *était venu.*
J'ai *demandé* à M. Luc *d'où il est.*

d'où est Mme Forestier.
où Napoléon Ier *est né.*
d'où était Napoléon Ier.
où Jean *avait trouvé* une bague d'or.

J'ai *demandé* à M. Luc *quand* il *irait* à Paris.
quand il *avait quitté* Paris.
quand M. Léon *était arrivé* à Lyon.
quand il *est né.*
où, quand et *comment* Napoléon Ier *est mort.*

J'ai *demandé* à M. Luc *pourquoi* M. l'Aumônier n'*était* pas *venu* hier.
pourquoi M. Léon ne *viendrait* pas demain.
pourquoi cet élève *pleurait.*
pourquoi cet élève *avait pleuré* ce matin.

J'ai *demandé* à M. Piaton *combien* il *avait* d'argent.
combien il *avait* de frères et de sœurs.
combien il *avait acheté* de livres hier.
combien sa redingote lui *avait coûté.*
J'ai *demandé* au tailleur *en combien de temps* il *faisait* une tunique.

J'ai *demandé* à M. Luc *quels* livres il *avait achetés* hier.
quels livres *avait* Louis.
quels livres il *achèterait* demain.
à quelle heure le médecin *dînait.*
à quelle heure M. le Directeur *avait dîné* hier.
à quelle heure il *était sorti* ce matin.
à quelle heure il *sortirait* ce soir.
à quel âge il *était devenu* sourd-muet.
J'ai *demandé* à ce monsieur *quelle était* sa profession.
J'ai *demandé* à cet élève *quelle était* la profession de son père.

N. 58. Suite de la leçon précédente.

DIRE, APPRENDRE.

J'ai { *dit*
{ *appris* à M. le Directeur *qui avait cassé* cette vitre.
chez qui M. Luc *avait dîné* hier.
chez qui M. Luc *dînerait* demain.
ce qui chagrinait cet enfant.
ce que désirait cet enfant.
ce que M Acary *avait acheté* hier.
ce que M. Acary *achèterait* demain.
ce dont cet enfant *avait* besoin.

J'ai { *appris*
{ *dit* à mes élèves *avec quoi* on *fait* le papier.
comment on *fait* le verre.

J'ai { *dit*
{ *appris* à M. Luc *où, quand* et *comment* tu *avais perdu* ta montre.
où était M. Hyacinthe.
quand je *sortirais.*
quand M. Peyson *était parti.*
où Napoléon Ier *est né.*
où, quand et *comment* Napoléon Ier *est mort.*
pourquoi cet enfant *pleurait.*
pourquoi cet enfant *avait pleuré* ce matin.
pourquoi M. l'Aumônier n'*était* pas *venu* hier.
pourquoi M. Léon ne *viendrait* pas demain.
combien j'avais d'argent.
combien ce livre m'*avait coûté.*
combien j'avais acheté hier de livres.
combien j'avais de frères.
quel âge *avait* M. Peyson.
à quelle heure M. Perrin *dînait.*
à quelle heure j'*avais dîné* hier.
à quelle heure je *dînerais* demain.

SAVOIR, IGNORER.

M. le Directeur a {
su
appris } *qui avait cassé* cette vitre.

ce que vous *aviez fait* hier.
ce que vous *feriez* ce soir.
ce dont cet enfant *avait* besoin.
comment Louis *s'était cassé* le bras.
où vous *étiez allé* hier.
où vous *iriez* ce soir.
quand M. Léon *était arrivé.*
quand vous *partiriez* pour Paris.
pourquoi vous *n'étiez* pas *venu* hier.
pourquoi vous ne *sortiriez* pas demain.
pourquoi cet enfant *pleurait.*
pourquoi tu *avais pleuré* ce matin.
combien vous *aviez* d'argent.
combien tu *avais acheté* hier de livres.
quels livres vous *aviez achetés* hier.
quels livres vous *achèteriez* demain.

{ M. le Directeur *savait*
{ M. le Dr n'*ignorait* pas
{ M. le Directeur *ignorait*
{ M. le Dr ne *savait* pas
}
qui avait cassé cette vitre.
ce que vous *aviez fait* hier.
ce que vous *feriez* demain.
ce dont cet enfant *avait* besoin.
pourquoi vous *n'étiez* pas *venu* hier.
pourquoi cet enfant *pleurait.*
pourquoi tu *avais pleuré* ce matin.
comment on *fait* le verre.
quand Louis *était arrivé.*
quand vous *partiriez* pour Paris.
où était Jean.
où vous *étiez allé* hier.

N. 59. *Demander, dire, savoir, ignorer, voir,*

employés interrogativement avec les pronoms interrogatifs.

DEMANDER.

Demanderez-vous à M. le Directeur *s'il* **y aura** congé demain ?
Avez-vous demandé à M. le Directeur *s'il* **y aurait** congé demain ?
Demanderez-vous à M. Luc *qui* a cassé cette vitre ?
Avez-vous demandé à M. Luc *qui* avait cassé cette vitre ?
         s'il était sorti hier ?
         chez qui il dînerait demain ?
         chez qui il avait dîné hier ?
Demanderez-vous à M. Luc *quand* vous ferez votre 1re communion ?
Avez-vous demandé à M. Luc *quand* vous feriez votre 1re communion ?

DIRE.

Direz-vous à M. le Directeur *que* j'ai cassé cette vitre ?
Avez-vous dit à M. le Directeur *que* j'avais cassé cette vitre ?
Avez-vous dit à M. le Directeur *si* j'avais cassé cette vitre ?

Avez-vous dit à M. Marc *qui* avait cassé cette vitre ?
         chez qui M. Acary avait dîné hier ?
         chez qui M. Acary dînerait demain ?
         ce que je vous avais montré ce matin ?
M. Luc *a-t-il dit* à ses élèves *comment* on fait le verre ?

SAVOIR.

Savez-vous que M. Peyson viendra à Lyon l'été prochain ?
Savez-vous si M. Peyson viendra à Lyon l'été prochain ?

Savez-vous que M. Léon est arrivé ?
Savez-vous si M. Léon est arrivé ?

Savez-vous qui a cassé cette vitre ?

> *qui* M. Hyacinthe a puni hier ?
> *avec qui* M. Benjamin est sorti hier ?
> *avec quoi* on fait le verre ?
> *ce que* Nicolas a acheté hier ?
> *ce dont* cet enfant a besoin ?
> *ce qui* chagrine cet enfant ?
> *ce que* fait M. Peyson ?
> *comment* on fait le verre ?
> *où* est Jean ?
> *d'où* vient ce monsieur ?
> *où* Jean a trouvé une bague d'or ?
> *pourquoi* cet enfant pleure ?
> *quand* vous ferez votre première communion ?
> *combien* Louis a de livres ?
> *quelle* heure il est ?
> *quels* livres M. Hyacinthe a achetés hier ?
> *à quelle* heure M. le Préfet reçoit ?
> *quel* âge a M. Peyson ?
> *ce que c'est que* la vertu ?

Saviez-vous que Victor avait cassé cette vitre ?
Saviez-vous si Victor avait cassé cette vitre ?

Saviez-vous qui avait cassé cette vitre ?
Saviez-vous ce que j'avais fait hier ?
Saviez-vous comment on fait le vin ?
Saviez-vous quand et *à quelle* heure M. le Préfet était parti pour Paris ?

IGNORER.

Ignores-tu qui a cassé cette vitre ?
Ignorez-vous comment on fait le papier ?
Ignorais-tu qui avait cassé cette vitre ?

VOIR.

As-tu vu comment on fait le verre ?

N. 60. *Désirer, vouloir, falloir, croire,*

employés avec les pronoms interrogatifs.

DÉSIRER, VOULOIR.

Désirez-vous qu'il fasse beau demain ?
Où voulez-vous que nous allions nous promener ?
Quand voulez-vous que je vous envoie ce paquet ?
Combien désirez-vous de mouchoirs ?
Comment voulez-vous que je punisse ce grand paresseux ?
A quelle heure *voulez-vous* que je fasse du feu dans votre chambre ?
Que désirez-vous que je donne à ce pauvre ?
Avec qui voulez-vous que je sorte ?
A quoi voulez-vous que nous jouïons ?
Quel livre *désirez-vous* que je vous achète ?

Quel domestique voulez-vous qui vous accompagne ?
{ *De quel* domestique *voulez-vous* être accompagné ?
{ *De quel* domestique *voulez-vous* vous faire accompagner ?

Quels élèves désirez-vous qui arrosent le jardin ce soir ?
Par quels élèves *désirez-vous* que le jardin soit arrosé ce soir ?

FALLOIR.

Demain sera la fête de ma mère, *faut-il* que je lui écrive ?
Où faut-il serrer ces ardoises ?
M. le Directeur, *où faut-il* que je promène ces élèves ?
Pourquoi faut-il que j'apprenne la géographie ?
Comment faut-il punir ce grand paresseux ?
Comment faut-il que je punisse ce grand paresseux ?
Quand faut-il tailler les rosiers ?
Quand faut-il que nous nous préparions à faire notre 1re communion ?
Combien faut-il d'argent pour aller à Paris ?
Combien faut-il que je paye ce commissionnaire ?

Quels livres *faut-il* que je lise et étudie ?
A quelle heure *faut-il* que je rentre ?
{ *Que faut-il* faire pour devenir instruit ?
{ *Que faut-il* que nous fassions pour devenir instruits ?

CROIRE.

Croyez-vous qu'il fasse beau demain ?
Où croyez-vous que Jèan soit allé aujourd'hui ?
Où croyez-vous que soit François ?
D'où croyez-vous que vienne ce sourd-muet ?
Comment croyez-vous que Jean se soit cassé le bras ?
Comment croyez-vous qu'on ait puni cet élève rebelle ?
Quand croyez-vous que votre père vienne vous voir ?
Combien croyez-vous que j'aie de livres ?
Quel âge croyez-vous que j'aie ?
Quelle heure *croyez-vous* qu'il soit ?
Quels livres *croyez-vous* que M. Luc ait achetés hier ?
A quelle heure *croyez-vous* que le tailleur soit rentré hier ?
Que croyez-vous que M. Hyacinthe ait acheté hier ?
Que croyez-vous que fasse M. Peyson ?
Avec quoi croyez vous que cet élève ait taillé sa plume ?
Avec qui croyez-vous qu'hier ce jeune sourd-muet se soit promené sur la
    place Bellecour ?
Chez qui croyez-vous que M. Bernard ait dîné hier ?
Combien de temps croyez-vous qu'il faille pour aller de Lyon à Bordeaux ?
Qui croyez-vous que M. Hyacinthe ait puni hier ?

Qui croyez-vous qui ait cassé ce verre ?
Par qui croyez-vous que ce verre ait été cassé ?

Quel élève croyez-vous qui ait cassé ce verre ?
Par quel élève *croyez-vous* que ce verre ait été cassé ?

N. 61.   *Demander.—Répondre.*

J'ai *demandé* à M. Forestier si M. Becle viendrait à Lyon cette année; il m'a *répondu* que oui.

            que non.

            qu'il le croyait.

            qu'il ne le croyait pas.

            qu'il ne savait.

            qu'il en doutait.

            que c'était possible.

J'ai *demandé* à M. Acary chez qui M. Bernard avait diné avant-hier; il m'a *répondu* que c'était chez M. Lambert.

            qu'il n'en savait rien.

            qu'il croyait que c'était chez M. Lambert.

J'ai *demandé* à M. Forestier si M. Becle se portait bien; il m'a *répondu* qu'il n'en savait rien et qu'il n'avait pas reçu de ses nouvelles depuis longtemps.

J'ai *demandé* à M. Luc comment se portait M. Duplat; il m'a *répondu* qu'il l'avait vu hier et qu'il allait un peu mieux.

J'ai *demandé* à M. Abel si Girard se portait toujours bien; il m'a *répondu* que son ami lui avait écrit il y a une quinzaine de jours, qu'il avait été trois mois très-malade et qu'il se portait beaucoup mieux.

Ce matin, j'ai *demandé* à cet enfant pourquoi il pleurait; il m'a *répondu* que c'était parce que sa mère était bien malade.

M. Piaton a *demandé* hier à Mme Belmont quand elle partirait; elle lui a *répondu* que ce serait demain matin.

            que ce serait lundi prochain.

            que ce serait dans quinze jours.

            que ce serait aux vacances prochaines, etc.

J'ai *demandé* à M. Duplat quand son frère était parti; il m'a *répondu* que c'était ce matin.

que c'était hier.

que c'était il y a trois jours, etc. etc.

N. 62.　　　　Manière

d'interroger l'élève sur les actions qu'on vient d'exercer en sa présence.

1.

**LE PROFESSEUR DIT PAR SIGNES A PAUL : «ES-TU MALADE ?»
PAUL LUI RÉPOND PAR SIGNES : « NON. »**

Alors le Professeur écrit sur le tableau :
　Qu'ai-je demandé à Paul ?
Les élèves répondent et écrivent sur leurs ardoises :
　Vous lui avez demandé s'il était malade.
Ensuite le Professeur écrit :
　Qu'a répondu Paul ?
Les élèves répondent :
　Il a répondu que non.

2.

**LE PROFESSEUR APPREND PAR SIGNES A PAUL QUE SON ONCLE
EST MALADE ; PAUL LUI DIT QU'IL EN EST BIEN AFFLIGÉ.**

Le Prof.:　　Qu'ai-je dit à Paul ?
Les Elèves :　Vous lui avez dit que son oncle était malade.
Le Prof.:　　Que m'a-t-il dit ?
Les Elèves :　Il vous a dit qu'il en était bien affligé.

3.

**LE PROFESSEUR DIT PAR SIGNES A PAUL : «PORTE CE CAHIER
A NOËL. »**

Le Prof.:　　Qu'ai-je dit à Paul ?
Les Elèves :　Vous lui avez dit de porter ce cahier à Noël.

9

4.

LE PROFESSEUR PRIE M. ACARY DE LUI PORTER SON DICTIONNAIRE.

Le Prof.:   Qu'ai-je dit à M. Acary ?
Les Elèves :   Vous l'avez prié de vous apporter son dictionnaire.

5.

LE PROFESSEUR TIRE UNE CLEF DE LA POCHE DE SA REDINGOTE, ET LA DONNE A CHARLES.

Le Prof.:   Qu'ai-je fait ?
Les Elèves :   Vous avez tiré une clef de la poche de votre redingote, et
vous l'avez donnée à Charles.

6.

LE PROFESSEUR DEMANDE A M. PIATON S'IL SORTIRA DEMAIN.

Le Prof.:   Qu'ai-je fait ?
Les Elèves :   Vous avez demandé à M. Piaton s'il sortirait demain.

7.

LE PROFESSEUR DIT A VICTOR DE LUI PORTER UNE ARDOISE.

Le Prof.:   Qu'ai-je fait ?
Les Elèves :   Vous avez dit à Victor de vous apporter une ardoise.

8.

LE PROFESSEUR PRIE M. HYACINTHE DE LUI DONNER UNE PLUME.

Le Prof.:   Qu'ai-je fait ?
Les Elèves :   Vous avez prié M. Hyacinthe de vous donner une plume.

N. 63.   Manière

dont l'élève doit écrire en exécutant ce que l'on vient de lui ordonner par écrit.

LE PROFESSEUR, SON ÉLÈVE.

1.

Le Prof.: Ali! dites à Jules d'ouvrir la porte.
L'Elève : Jules! M. le Professeur dit que tu ouvres la porte.
Jules! M. le Professeur demande que tu ouvres la porte.

Le Prof.: Ali! dites à Jules de vous apporter votre ardoise.
L'Elève : Jules! apporte-moi mon ardoise, je t'en prie.
Jules! je te prie de m'apporter mon ardoise.
M. le Professeur demande que tu m'apportes mon ardoise.

Le Prof.: Ali! demandez à Jules s'il a de l'argent.
L'Elève : Jules! je te prie de me dire si tu as de l'argent.
Jules! dis-moi si tu as de l'argent, je t'en prie.
M. le Professeur te demande si tu as de l'argent.

Le Prof.: Ali! demandez à Jules son âge.
L'Elève : Jules! M. le Professeur te demande ton âge.
Jules! dis-moi ton âge, je t'en prie.

Le Prof.: Ali! demandez à Jules d'où il vient.
L'Elève : Jules! M. le Professeur te demande d'où tu viens.

2.

Le Prof.: Ali! priez M. Acary d'ouvrir la porte.
L'Elève : M. le Professeur vous prie d'ouvrir la porte.

Le Prof.: Ali! demandez un cahier à M. Acary.
L'Elève : M. le Professeur vous prie de me donner un cahier.

Le Prof.: Ali! demandez à M. Acary s'il sortira ce soir.
L'Elève : M. le Professeur vous demande si vous sortirez ce soir.
M. le Professeur désire savoir si vous sortirez ce soir.

9.

Le Prof.:	Ali ! demandez à M. Acary son âge.
L'Elève :	M. le Professeur désire savoir votre âge.
	M. le Professeur voudrait savoir votre âge.

3.

Le Prof.:	⎰ Ali ! allez dire au domestique d'allumer mon poêle.
	⎱ Ali ! allez dire au domestique qu'il allume mon poêle.
L'Elève :	⎰ Jean ! M. Luc vous demande d'allumer son poêle.
	⎱ Jean ! M. Luc demande que vous allumiez son poêle.
	Jean ! M. Luc vous fait dire d'allumer son poêle.
Le Prof.:	Ali ! allez dire à Jean de venir.
L'Elève :	Jean ! M. Luc vous demande.

4.

Le Prof.:	Ali ! allez dire à M. Acary que je le prie de venir.
L'Elève :	M. Luc vous prie d'aller chez lui.
	M. Luc vous prie de monter chez lui.
Le Prof.:	Ali ! dites à M. Acary que vous avez reçu ce matin une lettre de votre père.
L'Elève :	Ce matin, j'ai reçu une lettre de mon père.
Le Prof.:	Ali ! dites à M. Acary que je viens de recevoir une lettre de M. Bouly.
L'Elève :	M. Luc me charge de vous dire qu'il vient de recevoir une lettre de M. Bouly.

5.

Le Prof.:	Ali ! allez dire à M. le Directeur que vous avez reçu ce matin une lettre de votre père, et demandez-lui s'il veut la lire.
L'Elève :	Monsieur le Directeur, j'ai reçu ce matin une lettre de mon père ; voulez-vous la lire ?
Le Prof.:	Ali ! allez dire à M. le Directeur que je viens de recevoir une lettre de M. Bouly, et demandez-lui s'il veut la lire.

L'Elève : Monsieur le Directeur, M. Luc me charge de vous dire qu'il vient de recevoir une lettre de M. Bouly, et de vous demander si vous voulez la lire.

Monsieur le Directeur, M. Luc vient de recevoir une lettre de M. Bouly; il désirerait savoir si vous voulez la lire.

Le Prof.: Ali ! demandez à M. le Directeur la permission de sortir ce soir avec moi.

L'Elève : Monsieur le Directeur, je vous prie de vouloir bien me permettre de sortir ce soir avec M. Luc.

Le Prof.: Ali ! demandez à M. le Directeur quand M. Becle repassera à Lyon.

L'Elève : Monsieur le Directeur, je vous prie de me dire quand M. Becle repassera à Lyon.

Monsieur le Directeur, mon professeur me charge de vous demander quand M. Becle repassera à Lyon.

Monsieur le Directeur, mon professeur voudrait savoir quand M. Becle repassera à Lyon.

Le Prof.: Ali ! allez prier de ma part M. le Directeur de vous remettre une main de papier.

L'Elève : Monsieur le Directeur, mon professeur vous prie de me remettre une main de papier.

6.

LE PROFESSEUR, JEAN (*un des domestiques*).

Le Prof.: Jean ! allez dire à mon frère que j'irai le voir ce soir.

Jean : M. votre frère me charge de vous dire qu'il viendra vous voir ce soir.

M. votre frère m'envoie vous dire qu'il viendra vous voir ce soir.

Le Prof.: Jean ! allez demander à mon frère s'il a reçu aujourd'hui des nouvelles de mon père.

Jean : M. votre frère m'envoie vous demander si vous avez reçu aujourd'hui des nouvelles de M. votre père.

Le Prof.:	Jean! allez dire à mon frère que je le prie de venir demain.
Jean :	M. votre frère vous prie d'aller demain chez lui.
Le Prof.:	Jean! allez dire à mon frère que je le prie de venir dîner chez moi jeudi prochain.
Jean :	M. votre frère vous prie d'aller dîner chez lui jeudi prochain.
	M. votre frère vous invite à aller dîner chez lui jeudi prochain.

7.

M. LE DIRECTEUR, UN ÉLÈVE.

M. le Direct.:	Ali! dites à Jean de venir.
L'Élève :	Jean! M. le Directeur vous demande.
M. le Direct.:	Ali! dites à Jean de venir au jardin.
L'Élève :	Jean! M. le Directeur vous demande au jardin.
M. le Direct.:	Ali! dites à Jean de porter tout de suite cette lettre à M. Duplat.
L'Élève :	Jean! M. le Directeur vous demande de porter tout de suite cette lettre à M. Duplat.
	Jean! M. le Directeur vous fait dire de porter tout de suite cette lettre à M. Duplat.

8.

M. LE DIRECTEUR, CLAUDE (*un des domestiques*).

M. le Direct.:	Claude! dites à Jean de venir.
Claude :	Jean! Monsieur vous demande.
M. le Direct.:	Claude! dites à Jean de venir m'attendre au jardin, où je vais descendre.
	Claude! dites à Jean qu'il vienne m'attendre au jardin, où je vais descendre.
Claude :	Jean! Monsieur vous fait dire d'aller l'attendre au jardin, où il va descendre.

9.

Mme LA DIRECTRICE, JEAN (*tous deux à la cuisine*).

Mme la Direct.: Jean! dites à Denise de venir.
Jean : Denise! Madame vous demande à la cuisine.

10.

Mme LA DIRECTRICE, UN ÉLÈVE (*tous deux au réfectoire.*)

Mme la Direct.: Ali! dites à Claude de venir ici.
Ali : Claude! Mme la Directrice vous demande au réfectoire.

11.

UN ENFANT, SON PÈRE OU SA MÈRE.

Le Père : Arthur! dis à la bonne de venir.
L'Enfant : Ma bonne! papa vous demande.

La Mère : Arthur! va dire à ton petit cousin Eugène de venir.
L'Enfant : Eugène! maman te prie de venir à la maison.

La Mère : Arthur! { dis à la bonne de m'apporter ma robe bleue.
{ dis à la bonne qu'elle m'apporte ma robe bleue.
L'Enfant : Ma bonne! maman vous fait dire de lui apporter sa robe bleue.
Ma bonne! maman vous prie de lui apporter sa robe bleue.

Le Père : Arthur! dis à Pierre de porter cette lettre à la poste.
L'Enfant : { Pierre! papa vous demande de porter cette lettre à la poste.
{ Pierre! papa demande que vous portiez cette lettre à la poste.
Pierre! papa vous fait dire de porter cette lettre à la poste.

Le Père : Arthur! va prier ton oncle de venir dîner demain { avec nous.
{ à la maison.

L'Enfant : { Papa
{ Mon père vous prie de lui faire le plaisir de venir dîner demain à la maison.

N. 64.   Les mots *Si* et *Pardon*,

l'un quelquefois employé comme particule affirmative et s'opposant à *Non*,
et l'autre signifiant souvent *vous vous trompez, cela n'est pas.*

1.

N'aimez-vous pas ce fruit? *Si*, je l'aime beaucoup. (1)
  Pardon, je l'aime beaucoup. (2)

N'avez-vous jamais vu de girafe? *Si*, j'en ai vu une à Paris.
  Pardon, j'en ai vu une à Paris.

Ne m'avez-vous pas reconnu?
Si, monsieur, parfaitement.
Pardon, monsieur, parfaitement.

N'avez-vous pas assez d'argent?
Si, monsieur, mais je n'ai pas envie d'acheter cela.
Pardon, monsieur, mais je n'ai pas envie d'acheter cela.

Ne voulez-vous pas venir dîner avec moi?
Si, monsieur, mais je crains d'abuser de votre bonté.
Pardon, monsieur, mais je crains d'abuser de votre bonté.
Pardon, monsieur, j'en serais bien honoré, mais je crains d'abuser
de votre bonté.

Vous n'aimez donc pas ce mets?
Si, madame, mais j'ai assez mangé.
Pardon, madame, mais j'ai assez mangé.

A. Je puis sauter par-dessus cette haie.
B. Impossible.
A. Je gage que *si*.

---

(1) Le mot *si* est employé d'ordinaire, lorsqu'on parle à son égal ou à son
inférieur : il est familier.

(2) Le mot *pardon* est employé, quand on parle à son supérieur, ou à la
personne pour qui l'on a des égards.

A. Je vais me faire soldat.
B. Vous ne le ferez pas.
A. *Si*, monsieur.

A. J'ai envie de franchir ce fossé.
B. Vous ne l'oseriez pas.
A. *Oh! que si.*

2.

A. Vous avez peu mangé.
B. *Pardon*, monsieur, j'ai bien mangé.
    Pardon, madame, j'ai bien mangé.
    Pardon, mademoiselle, j'ai bien mangé.

A. Il est midi, il faut que j'aille à mon rendez-vous; adieu.
B. *Pardon*, il n'est pas encore onze heures et demie.

A. Louis n'aime ni le beurre ni le fromage.
B. *Pardon*, il aime le beurre.

A. M. l'Aumônier n'est pas chez lui.
B. *Pardon*, il y est, puisque je vois de la lumière dans sa chambre.

A. M. Belmont est reparti pour Paris.
B. *Pardonnez-moi*, il n'est pas encore reparti; je l'ai rencontré hier; il m'a dit qu'il avait ajourné son départ à demain.

A. Mgr le Cardinal est à Lyon.
B. *Pardon*, il est en tournée pastorale; j'ai lu ce matin dans la *Gazette* qu'aujourd'hui il devait administrer le sacrement de Confirmation à Saint-Etienne.

SYNONYMIES.

Pardon, il n'est pas encore onze heures et demie.
Pardonnez-moi, il n'est pas encore onze heures et demie.
Je vous demande pardon, il n'est pas encore onze heures et demie.

N. 65.   *Qu'est-ce que.*

Signifier, vouloir dire, entendre.

Leçon préparatoire.

1.

La Méditerranée est la mer qui baigne l'Europe au nord, l'Afrique au sud et l'Asie à l'est.

La *mer* Méditerranée est *celle* qui baigne l'Europe au nord, l'Afrique au sud et l'Asie à l'est.

L'*océan* Atlantique est l'*océan* qui baigne l'Europe et l'Afrique à l'est, et l'Amérique à l'ouest.

L'*océan* Atlantique est *celui* qui baigne l'Europe et l'Afrique à l'est, et l'Amérique à l'ouest.

Le Baptême est un sacrement qui efface en nous le péché originel.

Le *sacrement* de Baptême est *celui* qui efface en nous le péché originel.

Le *péché* originel est *celui* qui nous vient d'Adam.

2.

Le cheval est un bel animal *qui* hennit, *qui* lève fièrement la tête, et agite sa belle crinière, *qui* est le compagnon et le serviteur de l'homme, *qui* obéit à la voix de son maître, *qui* porte des fardeaux, etc.

Le cheval est un bel animal qui hennit, qui lève fièrement la tête, et agite sa belle crinière. *Il* est le compagnon et le serviteur de l'homme *il* obéit à la voix de son maître ; *il* porte des fardeaux, etc.

3.

Le déluge *était* une grande inondation qui couvrit toute la terre d'eau et fit périr tous les hommes et tous les animaux, excepté ceux qui étaient renfermés dans l'arche.

4.

Le monde est le ciel, la terre et tout ce qu'ils renferment.

5.

L'*éternité* est une durée qui n'a ni commencement ni fin.

Eterniser est rendre éternel.

Eternellement est sans commencement et sans fin.

Etre éternel est n'avoir ni commencement ni fin.

Le mot *éternel* est ce qui n'a ni commencement ni fin.

L'Eternel est celui qui n'a ni commencement ni fin.

Le *courage* est la vertu de celui qui méprise et brave le danger, qui montre de la fermeté, de la constance dans le malheur.

Encourager est inspirer du courage.

Courageusement est agir avec courage.

Etre courageux est avoir du courage.

Le courageux est celui qui a du courage.

6.

Le mot infini *signifie* ce qui n'a point de bornes.

Le mot infini *veut dire* ce qui n'a point de bornes.

Je veux dire par le mot infini ce qui n'a point de bornes.

J'entends par le mot infini ce qui n'a point de bornes.

7.

Ces mots, aimer la bouteille, *signifient* aimer le vin.

Ces mots, aimer la bouteille, *veulent dire* aimer le vin.

Je veux dire par ces mots, aimer la bouteille, aimer le vin.

J'entends par ces mots, aimer la bouteille, aimer le vin.

8.

Ces mots, si vous servez fidèlement Dieu, *signifient* si vous observez fidèlement les commandements de Dieu.

Ces mots, si vous servez fidèlement Dieu, *veulent dire* si vous observez fidèlement les commandements de Dieu.

Par ces mots, si vous servez fidèlement Dieu, *je veux dire* si vous observez fidèlement les commandements de Dieu.

Par ces mots, si vous servez fidèlement Dieu, *j'entends* si vous observez fidèlement les commandements de Dieu.

LEÇON.

1.

Qu'est-ce que la Méditerranée?

C'est la mer qui baigne l'Europe au nord, l'Afrique au sud et l'Asie à l'est.

Qu'est-ce que la *mer* Méditerranée?

C'est *celle* qui baigne l'Europe au nord, l'Afrique au sud et l'Asie à l'est.

Qu'est-ce que l'*océan* Atlantique?

C'est *celui* qui baigne l'Europe et l'Afrique à l'est, et l'Amérique à l'ouest.

Qu'est-ce que le Baptême?

C'est un sacrement qui efface en nous le péché originel.

Qu'est-ce que le *sacrement* de Baptême?

C'est *celui* qui efface en nous le péché originel.

Qu'est-ce que le *péché* originel?

C'est *celui* qui nous vient d'Adam.

2.

Qu'est-ce que le cheval?

C'est un bel animal qui hennit, qui lève fièrement la tête et agite sa belle crinière, *qui* est le compagnon et le serviteur de l'homme, *qui* obéit à la voix de son maître, *qui* porte des fardeaux, etc.

C'est un bel animal qui hennit, qui lève fièrement la tête et agite sa belle crinière; *il* est le compagnon et le serviteur de l'homme; *il* obéit à la voix de son maître; *il* porte des fardeaux, etc.

3.

Qu'est-ce que le déluge?

C'*était* une grande inondation qui couvrit toute la terre d'eau et qui fit

périr tous les hommes et tous les animaux, excepté ceux qui étaient en-
fermés dans l'arche.

4.

Qu'est-ce que le monde?
C'*est* le ciel, la terre et tout ce qu'ils renferment.

5.

Qu'est-ce que l'*éternité* ?
C'est une durée qui n'a ni commencement ni fin.
Qu'est-ce qu'*éterniser* ?
C'est rendre éternel.
Qu'est-ce qu'*éternellement* ?
C'est sans commencement et sans fin.
Qu'est-ce qu'*être éternel* ?
C'est n'avoir ni commencement ni fin.
Qu'est-ce que le mot *éternel* ?
C'est ce qui n'a ni commencement ni fin.
Qu'est-ce que *l'Eternel* ?
C'est celui qui n'a ni commencement ni fin.

Qu'est-ce que le *courage* ?
C'est la vertu de celui qui méprise et brave le danger, qui montre de la
fermeté, de la constance dans le malheur.
Qu'est-ce qu'*encourager* ?
C'est inspirer du courage.
Qu'est-ce que *courageusement* ?
C'est agir avec courage.
Qu'est-ce qu'*être courageux* ?
C'est avoir du courage.
Qu'est-ce que *le courageux* ?
C'est celui qui a du courage.

6.

Qu'est-ce que le mot infini?
C'est ce qui n'a point de bornes.
Que signifie le mot infini?
Il signifie ce qui n'a point de bornes.
Que veut dire le mot infini?
Il veut dire ce qui n'a point de bornes.
Que voulez-vous dire par le mot infini?
Je veux dire ce qui n'a point de bornes.
Qu'entendez-vous par le mot infini?
J'entends ce qui n'a point de bornes.

7.

Qu'est-ce que ces mots, aimer la bouteille?
C'est aimer le vin.
Que signifient ces mots, aimer la bouteille?
Ils signifient aimer le vin.
Que veulent dire ces mots, aimer la bouteille?
Ils veulent dire aimer le vin.
Que voulez-vous dire par ces mots, aimer la bouteille?
Je veux dire aimer le vin.
Qu'entendez-vous par ces mots, aimer la bouteille?
J'entends aimer le vin.

8.

Que signifient ces mots, si vous servez fidèlement Dieu?
Ils signifient si vous observez fidèlement les commandements de Dieu.
Que veulent dire ces mots, si vous servez fidèlement Dieu?
Ils veulent dire si vous observez fidèlement les commandements de Dieu.
Que voulez-vous dire par ces mots, si vous servez fidèlement Dieu?
Je veux dire si vous observez fidèlement les commandements de Dieu.
Qu'entendez-vous par ces mots, si vous servez fidèlement Dieu?
J'entends si vous observez fidèlement les commandements de Dieu.

QUATRIÈME CAHIER.

PETIT QUESTIONNAIRE.

N. 66. Santé, nom, âge, lieu de naissance.

Leçon préparatoire.

SANTÉ.

Je me porte \
Je me trouve } bien, assez bien, toujours bien. \
Je vais } à merveille, parfaitement bien. \
Ma santé va } passablement, mal, toujours mal, très-mal.

Je jouis d'une bonne santé, toujours d'une bonne santé.

Je jouis d'une très-bonne santé, d'une excellente santé, d'une parfaite santé.

Je suis en bonne santé, toujours en bonne santé.

Je suis \
Je me porte } mieux, un peu mieux, beaucoup mieux, toujours mieux. \
Je vais } mieux depuis six jours, mieux qu'hier, moins bien qu'hier. \
Ma santé va } de mieux en mieux, toujours de mieux en mieux.

Je suis indisposé, un peu indisposé, très-indisposé, bien indisposé.

Je suis légèrement indisposé, gravement indisposé.

Je suis malade, un peu malade, très-malade, bien malade.

Je suis gravement malade, dangereusement malade, toujours de plus en plus malade.

Je ne me porte pas trop bien.

Je ne me porte ni trop bien ni trop mal.

Je me porte tout doucement.

Félix est bien.	Félix est mal.	Félix est très-mal.
Félix est mieux.	Félix est plus mal.	Félix est toujours mal.

Souffrir. — Avoir mal.

Je suis souffrant, toujours souffrant, très-souffrant.
Je souffre de la tête, des dents, de l'estomac, de la gorge.
Je souffre beaucoup des dents, cruellement des dents, etc.

J'ai mal aux yeux, à la tête, à la gorge, aux dents, au ventre.
J'ai un mal de tête, d'yeux, d'estomac, de dents.
J'ai un violent mal de tête, de dents.
J'ai de violents maux de tête, de dents.

Enrhumé. — Rhume.

Je suis enrhumé, un peu enrhumé, toujours enrhumé, fort enrhumé.
Je suis enrhumé du cerveau, enrhumé de la poitrine.
J'ai un rhume de cerveau, un rhume de poitrine.
J'ai un gros rhume de cerveau, un gros rhume de poitrine.
J'ai un gros rhume de cerveau et de poitrine.

Tousser. — Toux.

Je tousse, je tousse beaucoup, toujours.
Ma toux est violente.
Ma toux va mieux.
Ma toux est toujours de même.
Ma toux est toujours dans le même état.
La toux ne me quitte pas de la nuit.
Ma toux a un peu diminué, a beaucoup diminué.
Ma toux est diminuée depuis la semaine dernière.

Dormir. — Nuit.

J'ai bien dormi.
Je n'ai pas bien dormi.
J'ai passé une bonne nuit, une mauvaise nuit.
J'ai bien passé la nuit, mal passé la nuit.
Ce malade a eu une bonne nuit, une mauvaise nuit.
La nuit a été agitée, fort agitée.
J'ai eu la nuit agitée, la nuit fort agitée.
Je n'ai pas dormi de la nuit.
Je n'ai pas fermé l'œil de la nuit.

NOM. — PRÉNOM. — TITRE.

Je m'appelle Forestier.
Je me nomme Forestier.
J'ai nom Forestier.
Mon nom est Forestier.
Je porte le nom de Forestier.

Mon prénom est Claudius.
Mon nom de baptème est Claudius.
Mes prénoms sont Nicolas-Claudius.
Mes nom et prénoms sont Forestier Nicolas-Claudius.

On a donné à cet enfant trouvé le nom de Dieu-Donné.
On donnera à cette petite fille le nom de Marie.

Ce monsieur porte le même nom que moi.
Ce monsieur porte le même prénom que vous.

Cette petite ville s'appelle Charbonnières.
Cette petite ville se nomme Charbonnières.
Le nom de cette petite ville est Charbonnières.

Cet objet se nomme effaçoir.
Cet objet s'appelle effaçoir.
Le nom de cet objet est effaçoir.

On donne à cet objet le nom d'effaçoir.
On nomme cet objet effaçoir.
On nomme ça effaçoir.
On appelle cet objet effaçoir.

Le titre de ce livre est : Contes et Historiettes de Berquin.
Ce livre porte le titre de : Contes et Historiettes de Berquin.
Ce livre a pour titre : Contes et Historiettes de Berquin.
Ce livre s'intitule : Contes et Historiettes de Berquin.
Ce livre est intitulé : Contes et Historiettes de Berquin.

Je donnerai à ce petit ouvrage le titre : Du premier livre du Sourd-Muet.
J'intitulerai ce petit ouvrage : Le premier livre du Sourd-Muet.

10.

AGE.

J'ai 20 ans.   J'ai 20 ans accomplis.
J'ai 20 ans et demi.   J'aurai bientôt 20 ans.
J'ai 20 ans et 3 mois.   J'aurai 21 ans dans 3 mois.

J'aurai 21 ans le 15 du mois prochain.
J'aurai 20 ans à Pâques.
J'ai eu 20 ans accomplis la semaine dernière.

Victor a 20 ans environ.   Victor a plus de 20 ans.
Victor a 20 ans à peu près.   Victor a moins de 20 ans.
Victor n'a pas encore 20 ans.   Victor a près de 20 ans.

Ali peut avoir 20 ans.   Ali doit avoir près de 20 ans.
Ali doit avoir 20 ans.   Ali doit avoir plus de 20 ans.
Ali paraît avoir 20 ans.   Ali ne peut avoir plus de 20 ans.
Ali paraît 20 ans.   Ali ne peut avoir moins de 20 ans.

On donne à ce monsieur 30 ans.
Je donnerais à ce monsieur 25 ans.
Je crois que ce monsieur a 25 ans.

LIEU DE NAISSANCE. — ADRESSE.

Je suis né à Alix.   Ce monsieur est de Pise (Italie).
Je suis d'Alix.   C'est une ville de Toscane.
Mon pays est Alix.   Cette ville dépend de la Toscane.
Le lieu de ma naissance est Alix.   Cette ville fait partie de la Toscane.

Mon canton est Anse.
Mon arrondissement est Villefranche.
Mon département est celui du Rhône.

Je loge hôtel de l'Univers, rue de Bourbon.
Je demeure à Marseille.
Mon adresse est : Belmont, avocat, rue Beauveau, n° 6,
    à Marseille.

N. 67.   Santé, nom, âge, lieu de naissance.

QUESTIONS.

SANTÉ.

Vous portez-vous bien ?
Vous portez-vous toujours bien ?
Vous êtes-vous toujours bien porté ?
Vous êtes-vous toujours bien porté depuis mon départ ?

Comment vous portez-vous ?
Comment vous trouvez-vous ?
Comment allez-vous ?
Comment va votre santé ?
Comment cela va-t-il ?
Comment ça va-t-il ?
Comment vous portez-vous aujourd'hui ?

Comment se porte M. votre père ?
Comment va M. votre père ?

Comment vous portez-vous ?
Bien, je vous remercie, monsieur.
Comment se porte M. votre père ?
Beaucoup mieux, je vous remercie pour lui.
Comment se porte Mme votre mère ?
Pas trop bien, je vous remercie pour elle.
Avez-vous bien dormi ?
Oui, monsieur. — Non, monsieur.
Avez-vous bien dormi cette nuit ?
Non, monsieur, la nuit a été agitée.
Comment avez-vous passé la nuit ?
Je l'ai bien passée. — Je l'ai mal passée.
Comment ce malade a-t-il passé la nuit ?
Il a eu une bonne nuit. — Il a eu une mauvaise nuit.

NOM. — PRÉNOM. — TITRE.

Comment vous appelez-vous ?	Forestier.
Comment vous nommez-vous ?	Forestier.
Quel est votre nom ?	Forestier.
Quel nom portez-vous ?	Forestier.
Votre nom ?	Forestier.

Qui êtes-vous ?
Je suis frère de M. Belmont, votre ami.
Je suis fils de M. Belmont.

Quel est votre nom de baptème ?	Claudius.
Quel est votre prénom ?	Claudius.

Quels sont vos nom et prénoms ?	Forestier Nicolas-Claudius.
Vos nom et prénoms ?	Forestier Nicolas-Claudius.

Comment s'appelle ce monsieur ?	M. Delacoste.
Comment se nomme ce monsieur ?	M. Delacoste.
Quel est le nom de ce monsieur ?	M. Delacoste.
Le nom de ce monsieur ?	M. Delacoste.

Quel est ce monsieur ?	C'est M. Perrin notre médecin.
	C'est le frère de M. le Directeur.
Quelle est cette dame ?	C'est Mme la Directrice.
	C'est une cousine de M. le Directeur.

Votre nom ?	Paulin.
Quel est votre nom de famille ?	Belmont.

Quel nom portait cette dame avant son mariage ?
Quel nom portait cette dame, lorsqu'elle était demoiselle ?
Quel nom portait cette dame, étant demoiselle ?

Madame, quel nom portiez-vous avant votre mariage ?	Comberry.

Comment se nomme cette petite ville ?
Comment s'appelle cette petite ville ?
Quel est le nom de cette petite ville ?
Le nom de cette petite ville ?

Comment se nomme cet objet ?
Comment s'appelle cet objet ?
Quel est le nom de cet objet ?
Le nom de cet objet ?

Comment nomme-t-on cet objet ?
Comment appelle-t-on cet objet ?
Quel nom donne-t-on à cet objet ?
Comment nomme-t-on ça ?
Comment nomme-t-on cela ?
Comment appelle-t-on ça, cela ?

Quel est le titre de ce livre ?
Quel titre porte ce livre ?
Comment ce livre est-il intitulé ?

Quel titre donnerez-vous à cet ouvrage ?
Comment intitulerez-vous cet ouvrage ?

Comment désigne-t-on cet élève, cet objet, cet oiseau ?
Quel signe donne-t-on à cet élève, à cet objet, à cet animal ?
Quel signe affecte-t-on à cet élève, à cet objet, à cet animal ?

Comment vous désigne-t-on ?
Quel signe vous donne-t-on ?
Quel signe vous affecte-t-on ?

Quel signe donnez-vous à Dieu ?
Quel signe affectez-vous à Dieu ?
Comment désignez-vous Dieu ?
Comment exprimez-vous Dieu par signes ?
Comment rendez-vous Dieu par signes ?
Comment représentez-vous Dieu par signes ?

AGE.

Quel âge avez-vous ?	J'ai 15 ans.
Quel est votre âge ?	J'aurai 15 ans dans 3 mois.
Votre âge ?	J'ai eu 15 ans accomplis il y a huit jours, etc., etc.

A. *Votre père vit-il encore ?*
B. Oui, monsieur.
A. *Son âge.*
B. 78 ans.

Quel âge peut avoir votre tante ?	45 ans.
Quel âge vous paraît avoir votre tante ?	45 ans.
Quel âge paraît votre tante ?	45 ans.
Quel âge donnez-vous à votre tante ?	45 ans.

Quel âge me donneriez-vous ?	15 ans.
Quel âge me donnez-vous ?	15 ans.

Quel âge croyez-vous que j'aie ?	15 ans.
Quel âge me croyez-vous ?	15 ans.

A. Votre âge.
B. 14 ans.
A. Je vous en aurais donné 12.

A. Votre âge.
B. 14 ans.
A. Je vous en aurais donné 16.

Je vous en croyais 12.
Je vous en aurais cru 12.

Je vous en croyais 16.
Je vous en aurais cru 16.

LIEU DE NAISSANCE. — ADRESSE.

Où êtes-vous né ?	A Lyon.
D'où êtes-vous ?	De Lyon.
De quel pays êtes-vous ?	De Lyon.
Quel est le lieu de votre naissance ?	Lyon.
Votre pays ?	Lyon.

D'où êtes-vous ?	*Votre pays.*
D'Alix.	Alix.
Quel est votre département ?	*Votre département.*
(Celui du) Rhône.	Le Rhône.
Et votre canton ?	*Votre canton.*
(Celui d') Anse.	Anse.
Et votre arrondissement ?	*Votre arrondissement.*
(Celui de) Villefranche.	Villefranche.

De quel pays est ce monsieur ?	D'Italie.
De quelle ville est-il ?	De Pise.
De quel état dépend cette ville ?	De la Toscane.
De quel état fait partie cette ville ?	De la Toscane.

Où logez-vous ?	Je loge hôtel de l'Univers, rue de Bourbon.
Où êtes-vous logé ?	

Dans quelle rue demeure votre médecin ?	Rue de Bourbon.
Son numéro.	30.

Où demeurez-vous ?	A Marseille.
Quelle est votre adresse ?	Belmont, avocat, rue Beauveau, 6, à
Votre adresse.	Marseille.

N. 68. Manière

de demander avec politesse ce qu'on désire savoir.

1.

Je serais bien aise de savoir comment vous vous portez.
Je serais bien aise de savoir si vous vous êtes toujours bien porté.
Veuillez, Monsieur, me dire comment se porte M. votre père.
Je serais bien aise de savoir comment va M. votre père.

2.

Voudriez-vous me dire votre âge ?
) *Pourriez-vous* me dire quel âge a ce monsieur ?
) *Pourriez-vous* me dire l'âge de ce monsieur ?
Savez-vous quel âge a ce monsieur ?

3.

Je vous prie de me dire votre nom.
Dites-moi, *je vous prie*, votre nom.
Veuillez me dire votre nom.
Dites-moi, *s'il vous plaît*, votre nom.
Votre nom, *s'il vous plaît*.

Voudriez-vous me dire votre nom ?
Je serais bien aise de savoir votre nom.

Savez-vous comment s'appelle ce monsieur ?
Pourriez-vous me dire comment s'appelle ce monsieur ?

Savez-vous le nom de cette ville ?
Pourriez-vous me dire le nom de cette ville ?

Je vous prie de me dire le titre de ce livre.
Veuillez me dire le titre de ce livre.
Voudriez-vous me dire le titre de ce livre ?

QUELQUES DIALOGUES FAMILIERS.

CINQUIÈME CAHIER.

QUELQUES DIALOGUES FAMILIERS.

Conversation entre un Elève et son Père.

L'Elève :   Je suis bien content de vous voir. — Vous êtes-vous toujours bien porté ?

Le Père :   Oui, mon fils. - Et toi ?

L'El. :   Je suis bien aise que vous vous soyez toujours bien porté. Et moi, ma santé est toujours bonne.

Comment se porte ma mère ?

Le P. :   Elle va bien.

L'El. :   J'en suis bien aise. Et mes frères, se portent-ils aussi bien ?

Le P. :   Oui, excepté Charles. Il a été malade la semaine dernière ; aujourd'hui, il va beaucoup mieux.

L'El. :   Je suis bien fâché qu'il ait été malade ; je lui souhaite une parfaite guérison.

Je vous prie de me donner des nouvelles de mon oncle et de ma tante.

Le P. :   Tous deux vont bien. Ils m'ont chargé de te faire bien des compliments.

L'El. :   Je vous prie de leur dire que je suis sensible à leur bon souvenir et que je leur présente mes respects.

Le P. :   Je n'y manquerai pas.

Tes maîtres sont-ils contents de toi ?

L'El. :   Je crois que oui.

Le P. :   Pourrai-je voir M. le Directeur ?

L'El. :   Je vais m'informer s'il est chez lui et lui faire part du désir que vous avez de le voir.

L'El. (revenant à son père) : M. le Directeur va venir.

. . . .

. . . .

L'El. :   Je vous prie de me dire ce que M. le Directeur vous a dit de moi.

Le P. :   Il m'a dit qu'il était content de toi sous le rapport de ta conduite, mais que tu ne travaillais pas assez et que tes progrès étaient un peu lents.

Il faut qu'à l'avenir tu sois plus appliqué et plus assidu à l'étude.

L'El. : Je m'efforcerai de redoubler d'ardeur et d'application dans mes études.

Le P. : Bien. As-tu besoin d'argent ?

L'El. : Je n'en ai pas besoin pour le moment ; je vous remercie. Je vous prie d'embrasser pour moi ma mère et mes frères. (Adieu, mon cher père.)

Ou bien :

Le Père : As-tu besoin d'argent ?

L'Elève : Oui, papa.

Le P. : Combien t'en faut-il ?

L'El. : Trois francs.

Le P. : Qu'en feras-tu ?

L'El. : J'emploierai un franc à payer mes petites dettes ; un autre à m'acheter un petit livre ; et je garderai le reste pour mes menus plaisirs.

{ Combien t'en faut-il ? { Combien en veux-tu ?	{ Qu'en feras-tu ? { A quoi les emploieras-tu ?

Conversation entre un Elève et un vieil Ami de sa famille qu'il connait beaucoup et qui arrive de son pays.

L'Elève : Je suis bien aise de vous voir. Comment vous portez-vous ?

L'Ami : Je vais bien. Vos parents se portent bien et vous embrassent.

L'El. : Je suis joyeux d'apprendre qu'ils sont en bonne santé. Et mes frères, se portent-ils bien ?

L'A. : Oui.

L'El. : Qu'y a-t-il de nouveau à Mâcon ?

L'A. : Rien de nouveau.

L'El. : Mon frère Joseph est-il bien sage ?

L'A. : Oui, on est fort content de lui. Il fera bientôt sa première communion.

L'El. : J'en suis bien aise, car je l'aime beaucoup.

	Et mon oncle Girard, comment va-t-il ?
L'A. :	Parfaitement. — Il partira bientôt pour Paris.
L'El. :	Y restera-t-il longtemps ?
L'A. :	Je ne sais.
L'El. :	Donnez-moi, je vous prie, des nouvelles de mon oncle et de ma tante Perret.
L'A. :	Votre oncle va bien ; mais votre tante est toujours faible ; elle a été malade le mois dernier.
L'El. :	Cela me peine beaucoup ; je souhaite à ma tante une meilleure santé. Mon cousin Belin est-il toujours à Mâcon ?
L'A. :	Non, il l'a quitté il y a longtemps ; il est en ce moment à Paris.
L'El. :	Savez-vous ce qu'il y fait ?
L'A. :	Il est employé chez un banquier.
L'El. :	Est-il content de sa place ?
L'A. :	Je crois que oui. Et vous, vous plaisez-vous ici ?
L'El. :	Oui, monsieur, je m'y plais beaucoup.
L'A. :	Je repars demain matin pour Mâcon. Que voulez-vous que je dise de votre part à vos parents ?
L'El. :	Je vous prie de leur dire, ainsi qu'à mes frères, que je les embrasse bien et que vous m'avez vu en bonne santé. Je vous prie aussi de présenter mes respects à mes oncles et à mes tantes.
L'A. :	Je n'y manquerai pas.
L'El. :	Je vous remercie beaucoup de votre bonne visite et de m'avoir apporté de bonnes nouvelles de mes parents. (Adieu, monsieur.)

Conversation entre un Élève et un Ami de sa famille qu'il ne connaît pas.

L'Ami :	Je suis un des meilleurs amis de votre père. Vos parents m'ont prié de venir vous voir, et ils m'ont chargé de vous faire leurs compliments. Ils se portent très-bien.
L'Elève :	Je vous remercie beaucoup de m'avoir apporté de leurs nouvelles. Elles me réjouissent beaucoup, car je n'en avais

	pas reçu depuis bien longtemps ; j'étais fort en peine d'eux
	Et mes frères et ma sœur, comment vont-ils ?
L'A. :	Vos frères se portent bien ; mais votre sœur est malade.
L'El. :	Cette nouvelle fâcheuse me fait bien de la peine.
L'A. :	Sa maladie n'est pas grave ; j'espère qu'elle guérira bientôt.
L'El. :	Vous me rassurez, je vous en remercie.
	Connaissez-vous Mme Desgeorges, ma marraine ?
L'A. :	Oui.
L'El. :	Je serais bien aise de savoir comment va sa santé.
L'A. :	Assez bien.
L'El. :	Etes-vous à Lyon pour longtemps ?
L'A. :	Non, je repars demain ou après-demain.
L'El. :	Voudriez-vous avoir la complaisance de vous charger d'une lettre pour mes parents ?
L'A. :	Bien volontiers.
L'El. :	Ayez la bonté de me dire où vous logez, afin que je puisse vous envoyer ma lettre.
L'A. :	M. Duval, à l'hôtel de l'Europe.
L'El. :	Voulez-vous visiter la maison ?
L'A. :	Je suis fâché de ne pouvoir accepter votre offre ; je suis pressé. J'ai des courses à faire.
L'El. :	Je vous remercie beaucoup de votre bonne visite ; je suis heureux d'avoir fait votre connaissance.

Conversation entre un Elève et un Ami de sa famille qui va partir pour son pays.

L'Elève :	Je suis content de vous voir.
	Vous êtes-vous toujours bien porté ?
L'Ami :	Oui, mon ami ; et vous ?
L'El. :	Je me porte toujours bien, je vous remercie, monsieur.
L'A. :	Je pars pour Nevers demain ; si vous avez des commissions pour vos parents, donnez-les-moi.
L'El. :	Je vous remercie beaucoup de votre offre aimable ; je n'ai pas de commission ; je viens d'écrire à mes parents. Je vous prie de leur dire que vous m'avez vu en bonne santé et que je les embrasse bien.

L'A. :	Irez-vous à Nevers aux vacances prochaines ?
L'El. :	Je le désire beaucoup, mais je ne sais si mon père le veut.
	Serez-vous longtemps à Nevers ?
L'A. :	Oui, j'y resterai peut-être trois mois.
L'El. :	Heureux si aux vacances prochaines je vous y revoyais.
	Je vous souhaite un bon voyage.

Ou bien :

L'Ami :	Si vous avez des commissions, donnez-les-moi.
L'Elève :	Je profite avec grand plaisir de votre offre aimable. Je voudrais vous remettre un petit paquet pour mes parents.
L'A. :	Je m'en chargerai bien volontiers.
L'El. :	Voulez-vous que je vous le remette tout de suite ou que je vous l'envoie ?
L'A. :	Donnez-le-moi.
L'El. :	Veuillez avoir la bonté d'attendre un moment. (*En lui remettant le paquet*) Veuillez agréer mes sincères remercîments pour l'obligeance que vous avez de vous en charger.
L'A. :	Il n'y a pas de quoi ; je me trouverai toujours heureux de pouvoir vous être agréable ainsi qu'à vos excellents parents.
L'El. :	Vous êtes trop bon, monsieur. Je vous souhaite un heureux voyage.

Conversation entre un Elève et son Oncle qui demeure en ville.

L'Elève :	Je suis bien aise de vous voir. Veuillez me dire comment va votre santé.
L'Oncle :	J'ai été gravement indisposé il y a un mois ; maintenant je vais assez bien. Et toi, comment vas-tu ?
L'El. :	Je suis bien fâché que vous ayez été gravement indisposé; je vous souhaite une meilleure santé. Je me porte toujours bien.

11

Je serais bien aise de savoir comment se portent ma tante et mes cousins.

L'O. : Ils se portent tous bien. Ils te font bien des compliments. As-tu eu des nouvelles de tes parents, il y a peu de temps?

L'El. : Oui, mon oncle, j'en ai reçu la semaine dernière. Mes parents se portaient bien. Ils m'ont dit de vous faire de leur part bien des compliments.

L'O. : Quand tu leur écriras, tu leur diras que je leur présente mes sincères amitiés et que j'espère avoir le plaisir d'aller les voir dans deux ou trois semaines.

L'El. : Je vous prie de venir me voir avant de partir pour notre pays.

L'O. : Je n'y manquerai pas.

L'El. : Je vous en serai bien reconnaissant.

L'O. : As-tu besoin de quelque chose ?

L'El. : Non, je vous remercie.

L'O. : Je te ferai sortir de dimanche en huit jours, si M. le Directeur le permet.

L'El. : Cela me fera grand plaisir. Il y aura toujours pour moi un nouveau plaisir à vous revoir ainsi que mon excellente tante et mes chers cousins.

L'O. : Adieu.

L'El. : Je vous prie de présenter mes respects à ma tante et mes amitiés à mes cousins.

Conversation entre un Elève et le Correspondant de son père.

L'Elève : Je suis enchanté de vous voir. Je serais bien aise de savoir si vous vous êtes toujours bien porté.

Le Corresp. : Oui, mon ami. Et toi ?

L'El. : Je vais toujours bien, je vous remercie, monsieur. Voudriez-vous avoir la bonté de me dire comment se porte Mme Belmont ?

Le C. : Elle se porte bien.

L'El. : J'en suis bien aise.

Le C. : Es-tu bien sage ?

L'El. : Je crois que mes maîtres sont satisfaits de moi.

	Je me suis toujours efforcé de les contenter par ma bonne conduite et par mon assiduité à l'étude.
Le C. :	As-tu eu des nouvelles récentes de tes parents ?
L'El. :	Non, monsieur, je n'en ai pas reçu depuis trois mois. Leur long silence commence à m'inquiéter. Je leur écrirai demain.
	Je n'oublierai pas de leur dire que vous avez eu la bonté de venir me voir et que vous m'avez demandé de leurs nouvelles.
Le C. :	Tu leur diras que je leur fais des compliments affectueux.
L'El. :	Je n'y manquerai pas.
Le C. :	As-tu besoin de quelque chose ?
L'El. :	Oui, monsieur, j'aurais besoin d'un pantalon pour les jours ouvrables. Le mien est vieux, il sera bientôt hors de service.
Le C. :	Je prierai Mme la Directrice de t'en faire faire un.
L'El. :	Je vous prie de présenter mes respects à Mme Belmont.

{ Je suis ènchanté de vous voir.
{ Je suis charmé de vous voir.

{ As-tu eu des nouvelles récentes de tes parents ?
{ As-tu reçu des nouvelles récentes de tes parents ?
{ As-tu reçu des nouvelles de tes parents il y a peu de temps ?

Conversation entre un Elève et un de ses Cousins qui arrive de son pays.

L'Elève :	(Ah ! c'est toi, Charles !) Je suis bien aise de te voir. Comment te portes-tu ?
Le Cousin :	A merveille. Et toi ?
L'El. :	Bien. — Depuis quand es-tu arrivé ?
Le C. :	D'hier soir.
L'El. :	Comment se portaient mes parents ?
Le C. :	Ils se portaient bien. Ils m'ont dit qu'ils viendraient le jour de la distribution des prix.
L'El. :	Et mes frères et ma sœur, donne-moi de leurs nouvelles ainsi que de celles de tes parents.

11.

Le C. :   Tous allaient bien.

L'El. :   Ces bonnes nouvelles me causent beaucoup de joie.

Le C. :   Mon frère s'est marié la semaine dernière.

L'El. :   Avec quelle demoiselle ?

Le C. :   Avec la fille aînée de M. Botta. Tes parents ont assisté à la noce.

L'El. :   Veuille me dire l'âge de ta belle-sœur.

Le C. :   20 ans environ.

L'El. :   La première fois que tu écriras à ton frère, je te prie de lui offrir mes sincères félicitations sur son mariage et de lui dire que je suis bien impatient d'avoir le bonheur de faire la connaissance de ma nouvelle cousine.

Le C. :   Je n'y manquerai pas.

L'El. :   Je t'en serai bien obligé. Es-tu à Lyon pour longtemps ?

Le C. :   Oui, j'y viens pour apprendre l'état de bijoutier. Quand aura lieu votre distribution de prix ?

L'El. :   Je ne sais au juste, mais je crois qu'elle aura lieu à la fin de ce mois.

Le C. :   Je te prie de m'envoyer deux billets d'entrée pour assister à cette cérémonie. Tu m'obligeras beaucoup.

L'El. :   Je n'y manquerai pas. Je serai heureux de pouvoir te faire quelque plaisir. Donne-moi ton adresse.

Le C. :   Je loge à l'hôtel de France, rue de L'Arbre-Sec ; je travaillerai chez M. Beaumont, bijoutier, quai Villeroi, n° 1, au 2ᵐᵉ étage.

L'El. :   Je te prie de venir me voir quelquefois ; tu me feras un plaisir infini.
Adieu, au plaisir de te revoir.

Conversation entre un Elève et son Oncle qui part pour son pays.

L'Elève :   Je suis charmé de vous voir en bonne santé.
Comment se porte ma tante ?

L'Oncle :   Elle va bien.
Je pars demain pour Grenoble. Qu'as-tu à faire dire à tes parents ? Si tu as des commissions, je m'en chargerai bien volontiers.

L'El. :	Je vous prie de les embrasser pour moi et de leur dire que je me porte bien.
	Je leur ai écrit deux mots dans le bulletin trimestriel que M. le Directeur leur a envoyé il y a peu de temps.
	Quand comptez-vous revenir à Lyon ?
L'O. :	Dans une quinzaine de jours.
L'El. :	Allez-vous tout seul à Grenoble ?
L'O. :	Oui.
	Ta tante viendra te voir; elle te fera sortir de dimanche en huit jours.
L'El. :	Je lui en serai reconnaissant.
L'O. :	Adieu.
L'El. :	Je vous souhaite un bon voyage.

Conversation entre un Elève et sa Mère.

L'Elève :	Je suis bien joyeux de vous voir. — Vous êtes-vous toujours bien portée ?
La Mère :	Oui, mon cher Louis. Et toi ?
L'El. :	Je suis bien aise que vous ayez toujours été en bonne santé. — Je me suis toujours bien porté.
	Et mon père et mes frères, comment vont-ils ?
La Mère :	Ils vont bien.
L'El. :	J'en suis bien aise. Et mes oncles et mes tantes, se portent-ils aussi bien ?
La Mère :	Oui.
L'El. :	Qu'y a-t-il de nouveau à Mâcon ?
La Mère :	Rien de nouveau.
	As-tu besoin de quelque chose ?
L'El. :	Oui, ma mère, il me faut des bas, des souliers et un pantalon d'été pour les dimanches.
	Ma tunique commence à s'user; elle m'est un peu étroite.
La Mère :	Je désire voir Mme Forestier.
L'El. :	Je vais voir si elle y est et lui dire que vous souhaitez de lui parler.
	(En revenant) Mme Forestier vous prie d'attendre un peu.
La Mère :	Es-tu bien sage ?

L'El. :   Quelquefois, mais pas toujours ; je m'efforcerai d'être plus sage à l'avenir.

La Mère :   Sais-tu quand aura lieu la distribution des prix ?

L'El. :   Je ne sais. Vous pourrez le demander à Madame.

La Mère :   Espères-tu avoir un prix ?

L'El. :   Je ne puis vous le dire. J'ai été quelquefois le premier de ma classe ; mais je ne suis pas sûr d'avoir un prix.

La Mère :   J'aurais bien du plaisir à te voir couronné.

L'El. :   Je ferai tout mon possible pour remplir votre vœu. Que je serais heureux si j'y réussissais !

La Mère :   Apporte-moi tes vêtements qui ont besoin d'être raccommodés ou qui sont trop vieux.

L'El. :   Voilà Madame qui vient.

. . . .
. . . .

L'El. :   Je vous prie, Maman, de me donner cinq francs, je vous en serai bien obligé.

La Mère :   Qu'en feras-tu ?

L'El. :   J'en emploierai trois à payer mes petites dettes ; je garderai le reste pour mes menus plaisirs.

La Mère :   Comment as-tu fait ces petites dettes ?

L'El. :   En empruntant de l'argent à mes camarades pour m'acheter un petit livre, une balle, des friandises, etc.

La Mère :   Je te recommande d'être plus économe à l'avenir, parce que ton père ne gagne pas beaucoup.

L'El. :   Je vous le promets.

Je vous prie de bien embrasser pour moi mon père et mes frères.

(Adieu, Maman.)

Conversation entre un Elève et une personne qui vient visiter l'Etablissement.

L'Etranger :   Vos nom, âge et pays.

L'Elève :   Mon nom est Carra, mon pays Beaujeu (Rhône). J'ai 13 ans.

L'Etr. :   Combien y a-t-il de temps que vous êtes ici ?

L'El. :   Il y a trois ans et demi que j'y suis.

L'El. :   Adieu.

La C. :   Bon voyage.

L'El. :   Je vous remercie de votre souhait.

    { Il est en commission pour le moment.
    { Il est en course pour le moment.

    { A quelle diligence avez-vous arrêté votre place ?
    { Quelle voiture prenez-vous ?

**Conversation entre un Elève qui arrive dans le sein de sa famille,
et ses parents et amis.**

I.

L'ÉLÈVE, SES PARENTS.

L'Elève :   Je suis charmé de vous voir en bonne santé.

              Me voilà heureux d'être près de vous.

              Maman, comment vous portez-vous maintenant ?

. . . .

. . . .

Le Père :   As tu reconnu ton cousin, que voilà ?

L'El. :   D'abord, je ne l'ai pas reconnu, parce qu'il est bien
changé. Il a beaucoup grandi.

Le Père :   Et ta cousine Louise, que voici ?

L'El. :   Je l'ai reconnue parfaitement.

Le Père :   Te rappelles-tu ce monsieur qui est allé, il y a trois ans,
te voir à Lyon ?

L'El. :   Oui, papa, je me le rappelle bien.

           Je crois qu'il se nomme M. Vernier.

           (En s'adressant à celui-ci :) Monsieur, je serais bien aise
de savoir comment vous vous portez.

Le Monsieur : Je me porte bien, je vous remercie de l'intérêt que vous
prenez à ma santé.

L'El. :   Je conserve toujours de la reconnaissance pour les personnes qui ont bien voulu prendre la peine de venir me
voir et de m'apporter des nouvelles de mes parents.

. . . .

. . . .

L'Etr. :   M. De Camas, intendant militaire.

L'El. :   *(En revenant)* Je n'ai pas trouvé M. le Directeur dans son cabinet, mais j'ai prévenu le concierge que vous êtes ici et que vous désirez parler à M. le Directeur.

Excusez-moi, monsieur, si je vous quitte.

L'Etr. :   Je vous remercie de votre complaisance.

L'El. :   Il n'y a pas de quoi, monsieur.

Conversation entre un Elève qui part pour son pays et une de ses cousines qui demeure en ville.

L'Elève :   Je suis bien aise de vous trouver en bonne santé. Comment se porte M. Doria ?

La Cousine :   Il va bien, il est en commission pour le moment.

L'El. :   Je suis venu pour vous faire savoir que je pars pour mon pays après-demain. Si vous avez des commissions à me donner, je m'en chargerai avec plaisir.

La C. :   J'accepte avec plaisir votre offre aimable, je vous remettrai deux lettres.

L'El. :   Si elles ne sont pas encore prêtes, veuillez me les envoyer.

La C. :   Je vous les enverrai demain.

Voulez-vous prendre quelque chose ?

L'El. :   Vous êtes bien bonne, je vous remercie.

Je vous prie de présenter mes respects à M. Doria et de lui dire que je suis bien fâché d'être privé du plaisir de le voir et de lui faire mes adieux.

La C. :   Il sera aussi bien fâché de ne vous avoir pas vu. Je pense qu'avant votre départ il ira vous serrer la main.

A quelle diligence avez-vous arrêté votre place ?

L'El. :   Je n'ai arrêté de place dans aucune voiture ; je préfère prendre le bateau à vapeur. Il partira à cinq heures du matin.

La C. :   C'est bien matin.

L'El. :   C'est vrai, mais le bateau à vapeur va plus vite que la diligence. De plus le voyage sur l'eau est beaucoup moins fatigant. Il y a compensation.

La C. :   C'est bien vrai.

L'El. :	Adieu.
La C. :	Bon voyage.
L'El. :	Je vous remercie de votre souhait.

(Il est en commission pour le moment.
(Il est en course pour le moment.

(A quelle diligence avez-vous arrêté votre place ?
(Quelle voiture prenez-vous ?

Conversation entre un Elève qui arrive dans le sein de sa famille, et ses parents et amis.

I.

L'ÉLÈVE, SES PARENTS.

L'Elève : Je suis charmé de vous voir en bonne santé.
Me voilà heureux d'être près de vous.
Maman, comment vous portez-vous maintenant ?

. . . .

. . . .

Le Père : As tu reconnu ton cousin, que voilà ?
L'El. : D'abord, je ne l'ai pas reconnu, parce qu'il est bien changé. Il a beaucoup grandi.
Le Père : Et ta cousine Louise, que voici ?
L'El. : Je l'ai reconnue parfaitement.
Le Père : Te rappelles-tu ce monsieur qui est allé, il y a trois ans, te voir à Lyon ?
L'El. : Oui, papa, je me le rappelle bien.
Je crois qu'il se nomme M. Vernier.
(*En s'adressant à celui-ci :*) Monsieur, je serais bien aise de savoir comment vous vous portez.
Le Monsieur : Je me porte bien, je vous remercie de l'intérêt que vous prenez à ma santé.
L'El. : Je conserve toujours de la reconnaissance pour les personnes qui ont bien voulu prendre la peine de venir me voir et de m'apporter des nouvelles de mes parents.

. . . .

. . . .

(En s'adressant à son père :) Mon oncle et ma tante Perret m'ont chargé de beaucoup de compliments pour vous. Ils se portent bien.

J'ai une lettre de notre cousine Doria pour vous.

Le Père :	Donne-la-moi.
L'El. :	Je vais la chercher dans ma malle.

II.

L'ÉLÈVE, UN ONCLE OU UN COUSIN QU'IL VA VOIR.

L'Elève :	Je suis arrivé d'hier soir.
	Je suis enchanté de vous voir en bonne santé.
	Mon oncle et ma tante Perret m'ont dit de vous faire beaucoup de compliments de leur part. Ils se portent bien.
L'Oncle :	Nous as-tu reconnus ?
L'El. :	Oui, mon oncle. Vos traits ont toujours été présents à ma mémoire.
L'O. :	Te rappelles-tu ton petit cousin Louis ?
L'El. :	Oui, j'ai souvent pensé à lui quand j'étais à Lyon.
	Je le trouve bien grandi.

Conversation entre l'Elève qui va quitter son pays pour rentrer à l'école, et son oncle ou sa tante ou un cousin.

L'Elève :	Je viens vous faire mes adieux. Je pars demain pour Lyon.
	Si vous avez des commissions, je m'en chargerai avec grand plaisir.
L'Oncle :	Je n'en ai pas; je te remercie de ton offre.
L'El. :	Je désirerais prendre congé de ma tante.
L'O. :	Elle est allée, ce matin, à la campagne avec ton cousin.
	Elle ne sera de retour que samedi soir.
	Elle sera fâchée de ne t'avoir pas vu avant ton départ.
L'El. :	Je vous prie de lui présenter mes respects et de lui exprimer mes vifs regrets d'être privé du plaisir de l'embrasser avant mon départ.
	Je vous prie aussi de faire mes amitiés à mon cousin.
L'O. :	Reviendras-tu l'année prochaine ?

L'El. :   Je le désire bien, mais je ne sais si mon père le permettra.

{ Je ne sais si mon père le permettra.
{ Je ne sais si mon père le voudra.

Conversation entre l'élève et son bienfaiteur ou protecteur ou sa bienfaitrice ou protectrice.

              Madame,
L'Elève :   Monsieur, j'ai l'honneur de venir vous présenter mes hommages et prendre congé de vous.

Je pars demain pour Lyon. Si vous avez des commissions, je m'en chargerai avec grand plaisir.

. . . .

. . . .

              Madame,
Je vous prie, Monsieur, de vouloir bien présenter mes respects à Madame de Vernaz.
              à Monsieur de Vernaz.

Conversation entre un Elève et un Employé au bureau des diligences.

L'Elève :   Veuillez, monsieur, me dire quel est le prix des places pour aller de Lyon à Nevers.

Le Commis :   Coupé,   25 fr.
                Intérieur,   20.
                Rotonde,   15.

L'El. :   La voiture part-elle tous les jours? Et quelles sont l'heure du départ et celle de l'arrivée?

Le C. :   Oui, la voiture part tous les jours à 9 heures du matin et arrive à Nevers le lendemain à 10 heures du matin.

L'El. :   Est-ce qu'on ne change pas de voiture en allant à Nevers?

Le C. :   Non.

L'El. :   Y a-t-il une place d'intérieur pour lundi prochain ?

Le C. :   Non, toutes les places sont retenues, mais il y a des places dans la rotonde.

L'El. :	N'importe. Inscrivez-moi. Je m'appelle Bazin. Je désire avoir un coin.
Le C. :	Vous en avez un.
L'El. :	Je vais vous remettre 5 francs pour arrhes.

> } N'importe.
> } Cela m'est égal.

Autre dialogue sur le même sujet.

L'Elève :	Monsieur, avez-vous des places pour Nevers ?
Le Commis :	Pour quel jour ? Quelle place voulez-vous ?
L'El. :	Pour demain. Je désire une place d'intérieur.
Le C. :	Votre nom ?
L'El. :	Belmont.
	Je vais vous remettre 5 francs pour arrhes.
	Combien me reste-t-il vous devoir ?
Le C. :	Quinze francs.

Ou bien :

L'El. :	Monsieur, avez-vous des places pour Nevers, pour demain ?
Le C. :	Oui, monsieur ; mais quelles places voulez-vous ?
L'El. :	Une place d'intérieur.

En route.

L'Elève s'adressant au Conducteur : Où dînerons-nous ?

Le Conduct. :	A Roanne.
L'El. :	A quelle heure y serons-nous ?
Le Cond. :	A 6 heures.
L'El. :	A quelle heure passerons-nous à Moulins ?
Le Cond. :	A minuit.
L'El. :	Combien de lieues avons - nous à faire pour arriver à Roanne ?
Le Cond. :	Trois heures.

L'El. (*à l'Aubergiste, après avoir dîné*) : Combien vous dois-je ?

L'Aubergiste : Trois francs.

Conversation entre un Élève et un Employé au bureau des bateaux à vapeur.

L'Élève : Combien y a-t-il de départs pour Châlon-sur-Saône ?

L'Employé : Deux : l'un à 5 heures, l'autre à 9 heures du matin.

Ou bien :

Si l'Elève s'adresse à l'Aubergiste ou à une personne de sa connaissance.

L'Elève : Savez-vous combien de fois le bateau à vapeur part pour Châlon-sur-Saône ?

L'Aubergiste : Deux fois : à 5 heures et à 9 heures du matin.

Conversation entre un Elève et un Employé au bureau du chemin de fer de Paris à Lyon.

L'Élève : Combien y a-t-il de départs pour Châlon-sur-Saône ?

L'Employé : Huit : le matin, à 6 heures 30^m, à 8 heures 30^m, etc. ; le soir, à 3 heures 30^m, à 4 heures 30^m, etc.

Ou bien :

(*Si l'Elève s'adresse à l'Aubergiste ou à une personne de sa connaissance.*)

L'Elève : Savez-vous combien de fois le train du chemin de fer part pour Châlon-sur-Saône ?

L'Aubergiste : Huit fois : le matin, à 6 heures 30^m, à 8 heures 30^m, etc. ; le soir, à 3 heures 30^m, à 4 heures 30^m, etc.

Conversation entre un Elève et un Capitaine de bateau à vapeur.

Le Capitaine : Où allez-vous ?

L'Elève : A Tournus.

Le Capit. : Voulez-vous une première ou une seconde ?

L'El. : Une première.

Le Capit. : C'est 6 francs.

L'El. : Veuillez me dire à quelle heure nous passerons devant Mâcon.

Le Capit. : A midi.

L'El. : Quand on appellera Tournus, vous aurez la bonté de m'en prévenir.

Le Capit. : Je n'y manquerai pas.

En route.

L'Elève s'adressant au Restaurateur :   Une tasse de café au lait, à **7** h.
Le Restaurateur :   Monsieur veut-il du beurre ?
L'Elève :   Oui.
L'Elève (après avoir déjeuné) :   Combien vous est-il dû ?
Le Restaurateur :   Un franc.

L'Elève au Restaurateur :   La carte.
Le Restaurateur :   La voici.

L'Elève :   Un potage à la julienne.   **1** potage à la julienne.
Un beefsteak aux pommes de terre.   **1** beefsteak aux pommes de terre.
Une omelette.   **1** omelette.
Une demi - bouteille de vin ordinaire. $^1/_2$ vin ordinaire.
A onze heures.   A onze heures.

L'Elève (après avoir déjeuné) :   Combien vous dois-je ?
Le Restaurateur :   3 fr. 50.

Ou bien :

L'Elève (après avoir déjeuné) :   La note.
Le Restaurateur :   La voici.

{ La note.   { Voici la note.
{ La carte.   { Voici la carte.
{ L'addition.   { Voici l'addition.

{ Combien vous dois-je ?
{ Combien vous est-il dû ?

Au bureau de l'embarcadère du chemin de fer.

L'Elève s'adressant à l'Employé : Tournus.
           Seconde classe.
L'Employé :   C'est 8 fr. 30 centimes.

En route.

L'Elève s'adressant au Conducteur : Quand on appellera Tournus, vous m'obligerez beaucoup de m'en prévenir.

Ou bien :

L'Elève s'adressant à un compagnon de voyage : Monsieur, quand on appellera Tournus, je vous serai bien obligé d'avoir la bonté de m'en prévenir.

L'Elève allant au buffet : Monsieur, je vous serai bien obligé de vouloir me prévenir quand le signal du départ se fera entendre.

FIN

www.ingramcontent.com/pod-product-compliance
Lightning Source LLC
LaVergne TN
LVHW050740200726
843507LV00001B/48